吉井 潤
Jun Yoshii

2033年の日本と図書館に向けて

樹村房

はじめに

2013年4月、29歳のときに東京都の江戸川区立篠崎図書館と篠崎子ども図書館の館長になって5年が過ぎました。5年はあっという間で私がやってみたかったことのうち3割はなんとかでき、野球でいうと打率3割は上出来なので特に心残りということはありません。館員と一緒にいろいろな取り組みを行ったおかげで篠崎図書館と篠崎子ども図書館合わせて私が在籍した5年間で新聞には通算28回、雑誌3回、テレビは4回、情報誌などその他の媒体は7回掲載・放映されました。新聞の取材を受けた方なら一度は経験があると思うのですが記者から年齢を聞かれ、答えると少し驚かれるので事情を話すと、「29歳で図書館の館長は珍しいような気がする」と記者に言われたりしました。

ここ数年、早稲田大学の雪嶋宏一先生からお声がかかり、年に2回司書養成課程の授業で学生さんに図書館についてお話をすることがあります。せっかくなので事前に学生さんにアンケートを取り、そのときに「図書館の館長はいくつくらいの人がやっていそうか」という項目を設けました。そうすると、40代後半から60歳までの年齢を書いた方が多く30代はいませんでした。学生さんにしてみると図書館の館長は中年以降のイメージがあるようで、少し図書館の館長の年齢を調べて私がわかったなかでは、１９４９年に26歳で森博さんが静岡県の気賀町立図書館長に、１９５２年に25歳で渡辺進さんが高知市民図書館の館長に就任しています。もっと調べると20代の図書館長は他にもいるのかもしれません。今年で平成30年になりましたが、平成ではどれくらい20代や30代の館長がいたのかわかりません。

私が在籍した篠崎図書館は都営新宿線篠崎駅から直結の篠崎文化プラザの中にあります。２００８年７月６日オープンし、この建物には江戸川区の歴史や文化、産業を紹介する企画展示ゾーン、地域貢献を志す人々のための江戸川総合人生大学、江戸川区の特産品や伝統工芸品の紹介販売もある伝統工芸カフェ・アルティザン、大人のための図書館をコンセプトとし児童書を置いていない篠崎図書館があります。篠崎子ども図書館は江戸川区子ども未来館の１階にあります。２０１０年４月29日に開館し、乳幼児から小学生向け、その保護者を対象にした本を置いている図書館で、紙芝居、絵本、知識の本があります。本の冊数は篠崎図書館８万４２０５冊で中型図書館、篠崎子ども図書館５万２６４８冊で小型図書館です。中型図書館の館長は公務員の世界では係長級になります。中央図書館などの大型図書館の館長は部長級や課長級になります。たとえば、東京23区の中央図書館の館長はたいてい部長級です。係長になるには一般的に昇任試験を受けて合格することが必要で、係長試験は自治体によって年齢などの制限があり、大阪の堺市では30歳以上、横浜市では28歳で試験を受けることができ合格して29歳で係長に昇任することが可能です。私がどのような経緯で図書館の館長になったのかということは拙著『知って得する図書館の楽しみかた』（勉誠出版、

2016）をご覧ください。

さて、私は2018年4月から株式会社図書館総合研究所で働いています。図書館の現場を離れましたが図書館にかかわる仕事をしています。同時に4月から山梨県にある都留文科大学で週に1度ですが非常勤講師として授業をしています。

図書館の現場を離れると思い返すことがいろいろあります。図書館には乳幼児から高齢者までさまざまな方が来館します。万人に開かれた入場無料の公共施設だから毎日たくさんの方が図書館を利用しています。不特定多数の来館があるため、うれしいことや困ったこと両方あります。図書館で仕事をしていると図書館個別で発生している事象と新聞やテレビで報じられていることが「これはうちもある」とつながっていたりします。引いて物事を見ると、図書館の様子は現在の日本の状況の一部を映している可能性があります。

加えて、図書館の現場にいたときは図書館以外のそれぞれの部署の職員の年齢は私より年上が多く、不思議と1965年から1968年に生まれた方が多くいわゆるバブル景気の時期に就職した方でした。仕事の話が終わって次のことに取りかかろうとする前にちょっとした小話があり、話を聞いていると親の介護で施設に入れるか自宅で看るかということだけでなく、子どもの大学進学について「あの大学は今どうなの？」と私は大学を卒業して12年経つのに相談されたりしました。私は今年で35歳、この前まで一緒に仕事をしていた方たちの50歳から53歳の年齢になるのは15年後の2033年、同時に今の50歳から53歳の方は15年後はそれぞれ65歳から68歳になり、多く方が親の

表１　日本人人口　平成30年３月１日現在（確定値）

年齢区分(歳)	人口(単位　千人)	割合（%）	割合（%）
０～４	4,809	3.9	０歳から14歳まで 12.3
５～９	5,160	4.1	
10～14	5,368	4.3	
15～19	5,874	4.7	15歳から64歳まで 59.4
20～24	5,940	4.8	
25～29	5,960	4.8	
30～34	6,805	5.5	
35～39	7,601	6.1	
40～44	9,130	7.3	
45～49	9,384	7.5	
50～54	8,085	6.5	
55～59	7,523	6.0	
60～64	7,616	6.1	
65～69	9,608	7.7	65歳以上 28.3
70～74	7,944	6.4	
75～79	6,730	5.4	
80～84	5,329	4.3	
85～89	3,462	2.8	
90～94	1,619	1.3	
95～99	423	0.3	
100歳以上	70	0.1	
合計	124,440	100.0	100.0

出典：総務省統計局「人口推計」より作成

介護の次に自分たちの老後を心配するときになります。「親の介護と子どもの進学で貯金を使い果たして年金だけでは生活が苦しい」と言う人とそうでない余裕がある方の二極化を想像します。

表１は総務省統計局が２０１８年８月20日に発表した２０１８年３月１日現在（確定値）の日本人人口をもとに作成したものです。発表によると日本人人口は１億２４４３万８０００人で、前年同月に比べて３９万３０００人減っていま

す。この確定値によると0〜4歳が480万9000人で500万人を下回りました。5〜29歳は500万人台、30〜34歳は680万5000人になり以後の年齢区分を見ていくと若者より人口が多くなっています。15歳から64歳までの生産年齢人口は59・4％、65歳以上の高齢者は28・3％を示しました。WHO（世界保健機構）では高齢化社会についての定義があり、全人口のうち高齢者が21％を超えると超高齢社会と言い、日本はとっくに超高齢社会です。

表2は厚生労働省の人口動態統計をもとに整理したものです。私は1983年生まれで、2016年までの出生数を見ると2005年から2015年の10年間で100万人をなんとか維持していましたが2016年にはとうとう100万人を切りました。これからは100万人を超えるのが珍しくなるでしょう。死亡者数は2003年から100万人を超え、2016年は130万人に達しました。表1で示したように65歳以上の高齢者が多いため当分は死亡者数が減ることはないでしょう。出生数から死亡者数を引くと2005年には出生数より死亡者数が多くなり、2016年には33万7770人マイナスになり、これは東京都中野区の人口33万1093人とほぼ同じで、マイナス幅が大きいことがわかります。

15年後には今よりも若者は減っており、まちは若者より年配の方が多く、お店の様子も今とは違うでしょう。早大生なら一度は聞いたことがある新宿区馬場下町交差点にある1906年創業のそば屋「三朝庵」が2018年7月31日に閉店しました。スタッフの高齢化と人手不足が理由のようです。このお店は卵とじカツ丼やカレー南蛮の発祥といわれています。今後も、三朝庵のように高

表２　出生数数と死亡数

年次（年）	出生数（人）	死亡数（人）	出生数－死亡数（人）
1983	1,508,687	740,038	768,649
1984	1,489,780	740,247	749,533
1985	1,431,577	752,283	679,294
1986	1,382,946	750,620	632,326
1987	1,346,658	751,172	595,486
1988	1,314,006	793,014	520,992
1989	1,246,802	788,594	458,208
1990	1,221,585	820,305	401,280
1991	1,223,245	829,797	393,448
1992	1,208,989	856,643	352,346
1993	1,188,282	878,532	309,750
1994	1,238,328	875,933	362,395
1995	1,187,064	922,139	264,925
1996	1,206,555	896,211	310,344
1997	1,191,665	913,402	278,263
1998	1,203,147	936,484	266,663
1999	1,177,669	982,031	195,638
2000	1,190,547	961,653	228,894
2001	1,170,662	970,331	200,331
2002	1,153,855	982,379	171,476
2003	1,123,610	1,014,951	108,659
2004	1,110,721	1,028,602	82,119
2005	1,062,530	1,083,796	－21,266
2006	1,092,674	1,084,450	8,224
2007	1,089,818	1,108,334	－18,516
2008	1,091,156	1,142,407	－51,251
2009	1,070,035	1,141,865	－71,830
2010	1,071,304	1,197,012	－125,708
2011	1,050,806	1,253,066	－202,260
2012	1,037,231	1,256,359	－219,128
2013	1,029,816	1,268,436	－238,620
2014	1,003,539	1,273,004	－269,465
2015	1,005,677	1,290,444	－284,767
2016	976,978	1,307,748	－330,770

出典：厚生労働省「人口動態統計」より作成

齢化や後継者不足等で老舗といわれるお店が閉まることが想像できます。私たちが働いている職場の雰囲気も変わるでしょうし、図書館の様子も少しずつ変わっていくでしょう。今の20代から40代が２０３３年に向けてこれからどうしたいのかを意識することが大切ではないでしょうか。大学を卒業して社会人３年目になって仕事の楽しさを実感し始めた今年で25歳の方は15年後には40歳、30歳の方は45歳、40歳は55歳になっています。それぞれがライフステージの節目を迎える頃です。今のうちに50代、60歳以降の人生の先輩からいろいろ話を聞いたり仕事を一緒にしたりして吸収してこれからの日本をどうしていくのか考えましょう。日本人人口が徐々に減っていくので日本全体が現在とは大きく変わります。私たち若者が引っ張っていかなくてはならない15年後の２０３３年に向けて変えた方がいいもの、残し続けた方がいいものそれぞれあると思います。そして、私が大学卒業後からずっと仕事にしている図書館はもっと多くの方に利用されるべきです。新聞社や出版社の立場からすると難しい話になるのですが、図書館には本だけではなく新聞と雑誌を無料で読むことができます。収入が減り、支出を抑えるために新聞・雑誌の購読を止める家庭もあり、情報の入手ルートがスマートフォン、パソコンを介したインターネット、テレビだけでは偏りがちになるため、図書館で新聞・雑誌を手に取ることも重要です。特に新聞は社によって報じ方が違うため、新たな視点を知ることもできます。

表３は文部科学省の社会教育調査（平成27年度結果）をもとに社会教育施設の利用者数を整理したものです。博物館は一般的にみなさんが想像する歴史博物館や科学博物館だけではなく動物園、

表３　社会教育施設の利用者数

施設区分	2010年度（単位 千人）	2014年度（単位 千人）	2014年度－2010年度（単位 千人）	2014年度国民１人当たりの利用回数（回）
図書館（同種施設含む）	187,562	181,364	－6,198	1.4
博物館	122,831	129,579	6,748	1.0
公民館（同種施設含む）	204,517	193,464	－11,053	1.5
社会体育施設	486,283	501,557	15,274	3.9
民間体育施設	136,424	123,630	－12,794	1.0

出典：文部科学省「社会教育調査」より作成

植物園、水族館も含まれます。社会体育施設は自治体が一般の方向けに設置した、体育館、水泳プール、運動場、キャンプ場などの施設のことを言います。民間体育施設は文字通り、民間や独立行政法人が一般の方向けに設置した、体育館、水泳プール、運動場、キャンプ場などの施設のことを言います。２０１４年度は社会体育施設が５億１５５万７０００人で最も多く、２番目に公民館が１億９３４６万４０００人、３番目に図書館が１億８１３６万４０００人でした。２０１４年度の施設利用者数から２０１０年度施設利用者数を引くと博物館、社会体育施設以外は利用が減っています。２０１４年度の国民１人当たりの利用回数は社会体育施設が３・９回で１位でした。図書館は１・４回で公民館に次いで３位です。私としては図書館の利用回数が社会体育施設と同じくらいになって欲しいです。この１・４回という数字も図書館のヘビーユーザーは定期的によく利用しているからこの数値であって、定年退職をした方、65歳以上の人口が減れば１・０回になる可能性があります。

本書は図書館長として働いて思ったこと、感じたこと、世の中の動向を踏まえて２０３３年に向けて日本のことと図書館について記したものです。その上、図書館で仕事をしなければ江戸川区とは縁がありませんでした。５年いると江戸川区にはいろいろな施設や名産品があることがわかり、より多くの方に知って欲しいと思いそれらをところどころに記述しています。さらに、今まで出版した本とは違いあえて注はつけませんでした。論文や評論のようなスタイルではなく、図書館のことを知らなくても使ったことなくても誰もが気軽に読めるエッセイという位置づけにしています。少し気になった言葉があればスマートフォンやタブレットで検索すればすぐ見つかるものですし、文中に紹介した雑誌、新聞などはかっこ書きで発行日などの日付を入れていますので最寄りの図書館で探して読むことはできます。

2033年の日本と図書館に向けて——目次

第1章　働き方改革　17

第2章 日本の歴史や伝統文化 79

第3章　情報との接し方　119

第4章　地域社会　177

第1章
働き方改革

1 マルイチベーグルで朝食を

私は朝ご飯を食べる派です。といってもお米は食べません。朝はベーグルかパンを食べます。朝食をとるとお昼ごはんをガッツリ食べなくても済みますね。しかも、私は家事はなるべく減らしたく、朝から食器などの洗い物をしたくないため、図書館長だったときは職場に向かう途中の7時に東京都港区の白金高輪駅近くにあるマルイチベーグルに寄って（「食べログ」にはパン百名店2017に入っています）、できたてのベーグルを買い、すぐに都営地下鉄三田線に乗っていました。私は7時50分から8時の間に篠崎図書館に着いてベーグルを食べながらメールの処理をしていました（8時30分からが本来の始業時間）。焼きたてのベーグルは香りがいいのと、触感を楽しめます。ベーグルはニューヨークのエッサベーグルの製法を基本にしていますが、原料は独自選択で砂糖不使用、国産小麦、塩、天然酵母、麦芽、水を基本としていて、シンプルでおいしいです。図1のベーグルはシナモンレーズンです。ちなみに、初めてマルイチベーグルのベーグルを食べる方は顎が疲れるかもしれませんが、慣れればたいしたことはありません。

マルイチベーグルは月曜と火曜が祝日関係なく定休となっています。私のような買う側の立場ですと休みが固定されている方がルーティーンで助かります。私が他に行くパン屋さんでは週1日を定休日にしているところが多く、その定休日が祝日だと開店して翌日を休日にしている場合があり

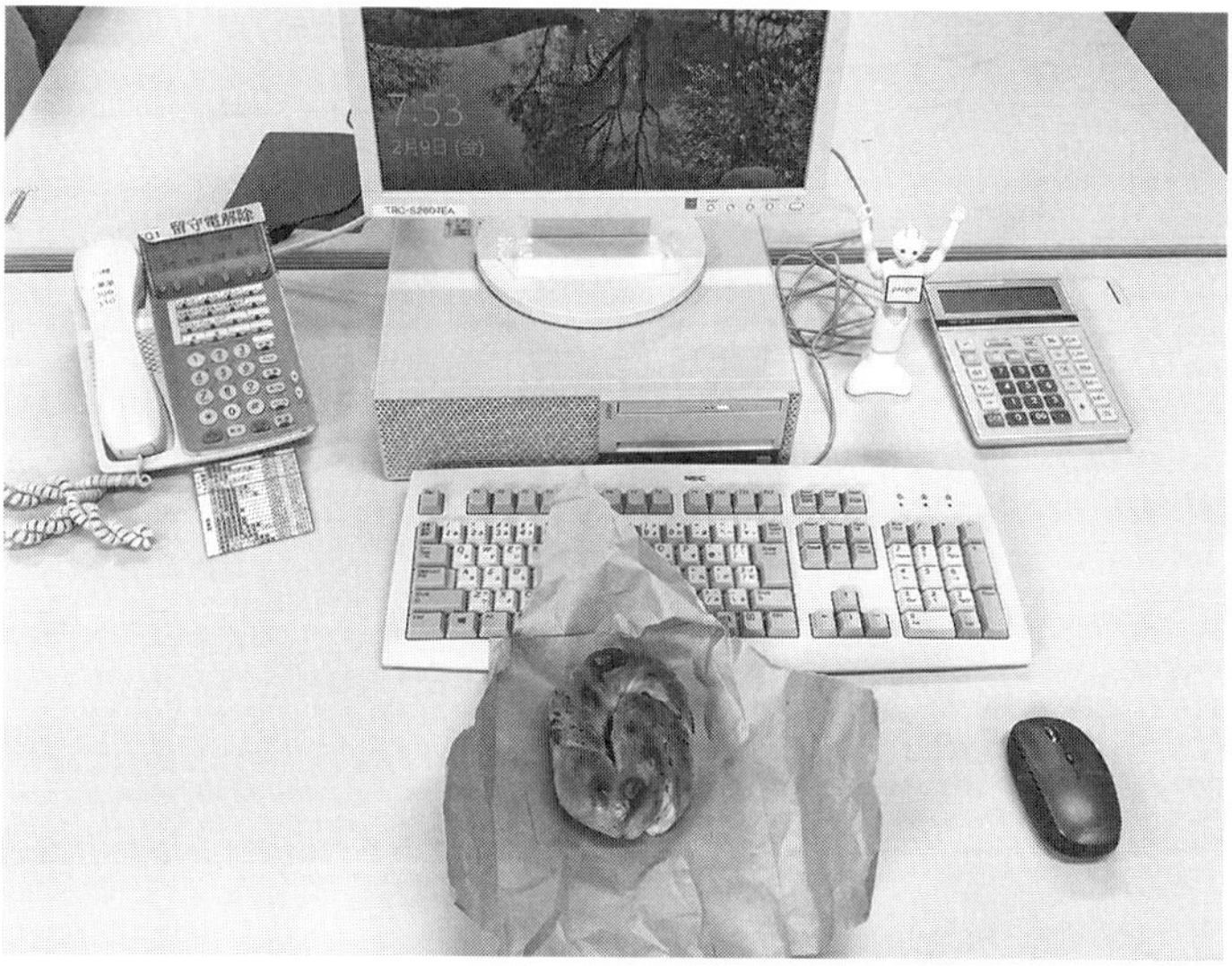

図1　マルイチベーグルのシナモンレーズンのベーグル

ます。図書館によっては毎週月曜日を休館日にしていますが、月曜日と国民の祝日が重なると開館して火曜日を休館にしています。国民の祝日に開館をすればそれなりの利用はあるだろうと考えているからですが、実際使う側のみなさんから考えるとどうでしょうか。

　また、他の飲食店ではめったにやらないことをマルイチベーグルでは行っています。それは3週間ほどの休みが年2回あります。梅雨時期に「梅雨休み」、12月下旬から1月中旬まで年末年始のお休み。私は年2回に分けてそれぞれ3週間お店を閉めていることはすごいと思います。なかなか飲食店ではできないです。飲食店が長期で閉める場合は改装工事、従業員の退職など人手不足でお店をそもそも開けることができないなどの理由がほとんどで、普通は定休日以外の休みとしてはお盆の時期と年末年始のごく数日です。マルイチベーグルが、お店を再開したときに店員さんにいろいろ話を聞くとどこか旅行に行ってたり、のんびりしていたようで、いいですね。思いっきり休むことは必要です。私以外のお客さんもでも「マルイチベーグルはあの時期はお休み」と体に染みついていると思います。

ここ数年「働き方改革」と「人材不足」いう言葉を聞きます。後者の方は企業によっては大きな課題となっています。業界によっては少子高齢化に伴う労働力不足がもう始まりつつあります。東京商工リサーチが出している「倒産月報」(平成30年3月度)によると、2018年3月の人手不足関連の倒産は30件とあり、2017年4月から2018年3月の1年間で人手不足関連の倒産は310件(前年度327件)でした。産業別ではサービス業最多で78件、2番目が建設業72件とあります。

人手不足の解決策としてよく労働生産性を上げることが言われます。私も理解はしますが、提案として難しいことを言わないで休めるときにまとまって休むことがまずは大切だと思います。「はじめに」で示した日本人人口のように、これからますます日本全体で若者たちが減り、体力がある世代の労働力不足になるわけで、機械化や人工知能で代替するにも限度があります。メリハリをつけて仕事をするときは思いっきり仕事をしてその分はしっかり休む。すべての業界でマルイチベーグルのように1年間で6週間閉めて休むことは難しいのかもしれませんが、せめて、1週間どこかのタイミングで工場のラインを止めたり、物流などの運送そのものを止めたり、仕事をしないときがあった方がいいと思います。２０１７年の４月頃には情報番組や一般紙で宅配便の再配達にともなうドライバーの負担について報じていました。これより前に私は「物流ウィークリー」（２０１７年２月13日）に「宅配便システム　パンク寸前　岐路に立つ運送業者」という見出しで宅配便システムが慢性的な人手不足、細分化された時間指定、加えて荷物の２割が再配達であるという記事を読みました。便利になるとどこかで負荷がかかるということはなかなか意識しないとわからないものです。

物流だけではなく、テレビ局もそろそろパンクする寸前なのではないかと思うことがあります。思いきって、テレビ局が輪番で１週間放送しないことをあえてやってみてはどうでしょうか。一例として、今週は１週間フジテレビはお休みでリモコンでフジテレビを選局しても映らなく、他のテレビ局は通常通り映っている。次の週は日本テレビがお休みのように。そうすれば放送倫理・番組向上機構（ＢＰＯ）で番組が指摘される回数は減ると思います。テロップに表示している漢字の誤変換、人物の写真が違っていたり、存命の方を故人にするなどちょっとしたミスが多いのはどこのテレビ局も下請け企業も疲弊しているからだと考えます。さらに、交通機関も輪番でお休みしてはどうでしょうか。東京都内を走っている山手線が１週間お休みするのもいいのかもしれません。直下型大地震が発生した場合、運転再開までに時間はかかるので心づもり、訓練として。

表４はまち中にある誰でも無料で入れる公立図書館の開館日数が３６０日以上あったものを整理

表４　年間開館数360日以上の図書館

No.	市町村名	図書館名	開館時刻	閉館時刻	営業時間（時間）	年間開館日数（日）
1	多賀城市	多賀城市立図書館	9：00	21：30	12：30	365
2	海老名市	海老名市立中央図書館	9：00	21：00	12：00	365
3	武雄市	武雄市図書館・歴史資料館	9：00	21：00	12：00	365
4	萩市	萩市立須佐図書館	9：30	18：00	8：30	363
5	萩市	萩市立萩図書館	9：00	21：00	12：00	362
6	東大阪市	東大阪市立永和図書館	9：00	21：00	12：00	360
7	西予市	西予市民図書館城川分館	8：30	17：30	9：00	360
8	西予市	西予市民図書館高川分館	8：30	17：30	9：00	360
9	西予市	西予市民図書館遊子川分館	8：30	17：30	9：00	360
10	西予市	西予市民図書館土居分館	8：30	17：30	9：00	360
11	西予市	西予市民図書館魚成分館	8：30	17：30	9：00	360

出典：日本図書館協会『日本の図書館　統計と名簿　2017』より作成

したものです。年中無休３６５日開館をしている３館はＴＳＵＴＡＹＡで知られているＣＣＣ（カルチュア・コンビニエンス・クラブ株式会社）が指定管理者として自治体から図書館の管理運営を任されているところです。役所の方は図書館で働いていなく、民間企業の従業員が働いています。市役所などの行政機関は「行政機関の休日に関する法律」で12月29日から翌年１月３日まで休日になり、公立図書館も行政機関のひとつですが、場所によっては開館しています。ちなみに私が在籍した篠崎図書館は12月30日まで開館し、翌年は１月３日から開館しています。２０１７年12月30日は８８６人、２０１８年１月３日は８１０人の来場があり、それなりに利用されています。表５は１年間の開館日数が３００日以上のものをまとめたものです。日本の公立図書館は３２７６館あり１０１２館が３００日以上開館しています。３００日以上開館すると休館のパターンは毎週特定の曜日を休館日とし、その他に本の棚卸をする特別図書整理期間と年末年始のお休みを設けています。300日から309日開館している図書館が400館あり、約40％になります。ちなみに私が在籍した篠崎図書館は349日開館、篠崎子ども図書館は345日開館で、基本的に休館日は月1日です。

先日、今年で70歳になる元図書館員から聞いた話では、昔は毎週月曜日は休館で、特別整理期間は1週間はあったので、早く終わったら館員で旅行に行くことはあったし、図書館大会（図書館関係者による交流会）があるときは「図書館大会のため休館」としていたこともあったようです。

私は図書館が開いている日数は立地環境や利用状況に応じて設定することが望ましいと考えます。開けていれば利用する人はいるでしょうが光熱水費と人件費がそれなりにかかります。これから人口が減っていくため労働力そのものも減ります。しまいには、図書館で働くと2日続いて休めないし、有給はあまり消化できないと思う人が増えて、人材を確保できないので今まで通りの年間開館日数を維持することが難しくなる、というのも2033年までにあるのかもしれません。

仕事をしている方は、ほどほどのリフレッシュがないと日常のパフォーマンスに影響し、未然に防げたはずのミスが増え、仕事疲れがたまったままだとモティベーションの維持は大変だ

表5　開館日数が300日以上の館数

開館日数（日）	館数（館）	割合（％）
360〜365	11	1.1
350〜359	34	3.4
340〜349	217	21.4
330〜339	137	13.5
320〜329	104	10.3
310〜319	109	10.8
300〜309	400	39.5
合計	1,012	100.0

出典：日本図書館協会『日本の図書館　統計と名簿　2017』より作成

と思います。飲食店の場合は疲れている人が作った料理はやたら塩味が効きすぎて辛く、味が濃すぎて簡単にわかります。私は土曜日と日曜日にマルイチベーグルでベーグルと具材を合わせたサンドにしたものを9時に買いに行こうとするとたくさんのお客さんが並んでいて少しだけ待つことがあり、天気がいいとお店に入りきれなくて外まで並んでいます。それはやはり品質を一定に保ち続けることができているからでしょう。もしマルイチベーグルに行きたくなったら9時ではなく、少し経ってから行った方が並ばなくてすぐ買えます。

2 グラスワインは6杯取りか7杯取りか

私が篠崎図書館と篠崎子ども図書館の2つの図書館の館長をしていたときは落ち着いて仕事ができるのが17時以降でした。19時を過ぎると「そろそろ帰ろう」と思います。出勤しているときは1日を2つに分けてたとえば、午前中は篠崎子ども図書館、午後は篠崎図書館というようにしていました。帰宅するために電車に乗っているときに冷蔵庫にあったものを思い出しながら何を作るか考えます。「アボカドとニンジンがない。1時間後に近所のスーパーに着いても売れ残ったわずかなものしかないし」と思います。20時過ぎにスーパーに行くと状態がよくない売れ残った野菜があるのをよく見ます。残っているアボカドはカチコチだったり熟れすぎて少しでも強く持つと吹き出しそうなものしかなく、ニンジンは葉があった部分が黒くなっているものしかなく、甘みや味がよくないものが残っています。「このあとスーパーに行ってもな」と思ったら途中下車したり、自宅の近くで20時頃にたまにワインバーに行くことがありました。お店は決まっているわけではなく初めて行くところが多かったです。21時30分には家に着きたいので飲むとしてもグラスで1杯か2杯です。ソムリエさんに「もう遅いのでグラスで頂けるものありますか」と尋ねます。

ほとんどのお店が「赤だったらこちらの2本で、白だったらこちらです」とボトルを見せてくれます。私はフランスのワインだったらボトルのラベルを見れば高いのか、そうでないかわかるので「今日はこっちでサクッと飲みます」と答えます。ちなみに私はボルドー地方のワインなら村の名前、ブルゴーニュ地方なら畑の名前がラベルに記されていたら高いけどおいしいくらいの知識しかありません。ラベルにMargauxと書かれているのを見たら、ボルドー地方のマルゴー村に限定したぶどうで作ったワインということになります。私はソムリエさんがワインを注ぐ様子をじっと見ます。2017年から細い針をコルクに差し込んでコルクを抜栓することなくボトルの中のワインをグラスに注ぐことができるCORAVIN（コラヴァン）をという道具を使っているのを見ることがあります。初めて見たときはコルクを抜いていないのにどうやってワインをボトルから出しているのか不思議でした。これを使っているお店では、グラスでは出したくなくボトル売りをしたい古くて高い価格設定にするものがグラスでほどほどの適正価格で飲めます。注がれて私の手元に置かれたグラスを見ます。香りを楽しむと同時に心の中で「ここは6杯取り」と言います。

飲食店でワインをグラスで注文すると6杯取りから8杯取りくらいさまざまな量のときがあると思います。もちろんグラスのサイズで見た目が違うと思うことがあるでしょう。ワインボトルの1本の量は７５０㎖。自炊をしていると計りを使っていろいろ計量しているのでなんとなく量がわかります。１２５㎖ぐらいだったらボトル1本で6杯取りしており良心的です。１００㎖ぐらいだったら7杯取りで割と一般的です。8杯取りはお店が儲けようという意図がみえみえです。あるスペイン料理のお店に行ったときは一般的なワイングラスではなく、白い陶器の器Cunca（クンカ）にワインが注がれました（図2）。北西部にあるガリシア地方で使われているようです。こぼれそうなくらいなみなみでした。初めて見たときは日本酒のおちょこを思い出しました。このようなワインの飲み方は新たな発見でした。

図２　白い陶器の器 Cunca（クンカ）に注がれたスペインの白ワイン

価格と量、質のバランスがよかったらまたそのお店に行きます。私は1カ月間で外食に使う上限金額を設定しているので赤ワイングラス1杯６００円から８００円のお店だったら毎週通いたいです。1杯１５００円となると私は高いと思うため、たまに行く程度になります。いろいろなお店があるのでいろんな意味で「原価いくらだろう」と思うときもあります。飲食店で出されるワインは仕入れ値の2倍から3倍に設定していることが多いです。たとえば、私たちがワインショップで1本1000円のボトルを買うのと同じものが飲食店では700円で仕入れて1400円から2100円の間で価格設定されています。全部がそうではなく、高いものは2倍の設定にしていないものもあります。飲食店ではお酒である程度利益を出さないとやっていけないからです。

飲食店に限らず「適正な利益とは」ということを世の中全体でどの仕事についても考えてもいいのかもしれません。安すぎないで高すぎない価格設定が重要だと思います。従業員の給与にかかわります。おそらく会社経営者としては社員の給料を上げようと考えても儲けが少なければ難しいのでなかなか苦労すると想像します。

図書館の館長をしているといろいろな業者から見積書をもらいました。モノが壊れた際の修繕においても業者から見積書をもらって、その業者に依頼をするのか否か検討します。見積金額は原価に利益分を乗せていることは承知で内訳を見ます。「部品代〇〇円」と一般的な価格だと思いながら目を下に進めると「交換作業費〇〇万円」とあり高い場合と低い場合があります。こちらが想定していたものより極端に高かったり、低いとすぐ電話をかけます。「失礼ですが頂いた見積書の最後の項目に交換作業費〇〇円とありますが、御社の利益をいくらか入れたものでしょうか」と。よく困ったのが見積書の内訳の最後に「諸経費一式〇〇万円」です。「諸経費の諸の内訳を知りたい」と思ったことがあります。1度だけかなり高い金額だったため「説明がほしい」とお願いをしたら先方さんは困ってしまった感じでした。

いっそうのこと見積書や請求書の内訳の中に「利益○○万円」としっかり明示してはどうでしょう。この仕事に対しての利益はこれくらいないと難しいと意思表示できるのが普通になればお互いにフェアな関係になれると思います。特に工事関係は関係者以外よくわかりませんので全体的に金額が高く「諸経費○○万円」とあるので「これ高いかな」と聞きがちです。場合によっては適正な利益を乗せているだけかもしれませんし、「金は取れるだけとっておこう」と思っているのかもしれません。お互いに無理がない程度のところで落ち着くのがいいと思います。月1回、自宅近くのそば屋に行くと建設現場の作業員がお昼ご飯を食べに入店し、私の隣で「今の仕事は単価低いから、かけそばしか食べれないや」と言っています。

私は日常生活の中でよくスーパーで買い物をします。安い方が消費者にとってはありがたいです。けれども、極端に安いと生産者かスーパーのどちらかの取り分が少ないので、誰かが割を食うのはよくないと思います。と言いながら私は焼きそばの具材のひとつに1袋39円のもやしを買っています。2017年の6月頃にテレビや新聞でもやしの値段が安すぎるということで業界団体がスーパーなどに値上げを求めていることが報じられていましたが、今もさほど価格は変わっていないのが気になります。「農経新聞」（2017年3月27日）で、工業組合もやし生産者協会が原料種子の高騰や安値販売で困っているという記事を読んだことがあります。2033年にはもやしがなくなって食べれないことがないようにしたいですね。

みなさんの最寄りの図書館では、もしかしたら全員が自治体の正規職員ではないかもしれません。カウンターなど一部の業務を民間事業者等に委託している場合もありますし、図書館の運営そのものを民間事業者等が受けていることもあります。自治体が事業者に支払う委託料なども適切な価格設定にすることが大切です。事業者も組織を維持するのに最低限、販売費及び一般管理費がどれだけ必要なのか丁寧に自治体に話す必要があります。低い金額で契約すると、図書館の現場で働いている従業員の賃金に影響が出るのと同時に受注者そのものの存続にかかわります。一般企業と違って自治体に利益というのはなじみがありませんが、会社や組織の事業継続のためにはある程度必要であることは頭の片隅にあった方がいいです。

3　プレミアムフライデーからプレミアムウェンズデーに

２０１７年2月からプレミアムフライデーという言葉を目にするようになりました。月末の金曜日を15時退社にして労働環境の改善と個人消費を喚起することを目的としています。この取り組みはいいことで、あえて注文をつけるとすると、月末金曜日は避けた方がいいと思います。「なんで月末金曜日なんだろう」と思った方はそれなりにいると思います。月末締めの職場はそれなりに多いと思います。私の場合、図書館長だったときは翌月の5日には前月分の支払い手続きをします。

書類を作って発送したいため、具体的には、コピー機の請求書や消耗品の請求書などは翌月の4日の夕方までに欲しいのです。たとえば、２０１７年6月分の請求書は7月4日必着。この月の6月30日は第四金曜日で7月4日は火曜日。カレンダーを見て請求書がいつも遅いところには電話して4日に届くようにお願いしています。そうなると電話もらった方にしてみればプレミアムフライデーどころではありません。会社によっては10日締めにしているところもあるので、速やかに前月分の請求書が欲しいと思っているでしょう。

だからプレミアムフライデーはよくなかったとは言い切れません。社会実験としては成功だったと思います。業界によってそれぞれ事情があることがわかり、国の代表、政財界のトップが声を出して実際にやってみたことに意味があります。

月末金曜日は忙しい企業が多いと思いますので第3水曜日に変更した方が実施する企業は増えるのではないでしょうか。第3水曜日にすると10日締めの企業もひと段落しています。一カ月折り返ししたときなので、「残りの数日がんばろう」と思うかもしれません。とは言っても、今度は25日に給料が振り込まれる方にとっては給料日まで苦しいかもしれません。そうなると、なかなか日の設定は難しい。水曜日は週の真ん中であるため一般的なサラリーマンの立場で考えると月曜日と火曜日仕事して、水曜日は早く帰って木曜日と金曜日にまた仕事を頑張るというのはどうでしょうか。

ところで図書館業界では月曜日を休館日にしているところはまだ多くあります。表6は曜日別に整理したもので、月曜日を休館日にしている図書館は2364館（72・1％）で圧倒的に他の曜日より多いです。理由は単純で土曜日や日曜日は開館しているので平日を休みにしています。その他は不明だったもの、月末平日に設定している等、どの曜日か確定できないものです。私が最初に在籍した山梨県の山中湖情報創造館は毎月末の平日1日を休館日に、次に働いた東京都の練馬区立南田中図書館は1週目、2週目、4週目の月曜日は休館日、3館目の新宿区立角筈図書館は毎週月曜日が休館日でした。江戸川区立篠崎図書館と篠崎子ども図書館は毎月第4月曜日だけ休館で、開館している月曜日が多いです。休館日は文字通り図書館は閉めていますが職員は出勤して仕事をしていることが多く、飲食店が定休日を作って休みにしていますが、仕込みをしたり食材やお酒を発注したりしているのと同じです。この表6を見ると金曜日は68館（2・1％）が図書館休館、水曜日は118館（3・6％）が休館していますが他の曜日と比べると少ないため、プレミアムフライデーといってもお財布の中が寂しい方、プレミアムフライデーをやめてプレミアムウェンズデーになっても図書館が開いているところは多いのでぜひ行ってみましょう。

表6　図書館の曜日別休館日

曜日	館数（館）	割合（％）
月曜日	2,362	72.1
火曜日	265	8.1
水曜日	118	3.6
木曜日	158	4.8
金曜日	68	2.1
土曜日	25	0.8
日曜日	86	2.6
その他	194	5.9
合計	3,276	100.0

出典：日本図書館協会『日本の図書館　統計と名簿　2017』より作成

4 フリーザは理想の上司か？

２０１７年、私がある小さい飲み屋にいたときにカウンターにいた店主と『週刊少年ジャンプ』の話をしていたら隣にいた50代前半の男性のお客さんが突然、鳥山明さんの漫画・アニメ「ドラゴンボール」に出てくるフリーザのことを振ってきました。フリーザは星を征服したり、破壊したりする戦闘力がある悪役ですが、相手の戦闘能力が高いと仲間に入れて軍団としてはさまざまな星の人が集まっています。主にナメック星の話のときに出ており、この話が１９９０年2月から91年9月に放送されたのでバブル景気の時期に就職した方にとっては懐かしかったのかもしれません。私は7、８歳のときの話ですけど毎週水曜日に見ていたのを覚えています。フリーザは孫悟空に倒されたはずですが、２０１５年7月から２０１８年3月まで放送されていた「ドラゴンボール超」にまた出ていました。話のスケールは大きくなっており、それぞれの宇宙が存亡をかけた宇宙対抗格闘試合（敗北した宇宙は即消滅）をし、最終回で孫悟空とフリーザは自分たちの宇宙の存続をかけて共闘したのは意外でした。敵を武舞台から落とすためにフリーザが悟空に「私を投げ飛ばしなさい」と言って悟空に投げられて敵に向かって突進して、敵と一緒に武舞台から落ちようとしたのは昔からフリーザを知っている人にとっては予想できなかった展開だったと思います。

隣にいたお客さんが「フリーザは理想の上司ではないか」と言って私はきょとんと。そのお客さんが言うにはフリーザが理想の上司といわれるのは次の4点。1点目、部下に丁寧な言葉を使い、「さん」付けで呼んでいる。2点目、現場にすぐ行って状況を確認する。3点目、フリーザ自らが戦い相手の戦闘力が高ければ「ボクの下で働いてみる気はないか」とスカウトする。4点目、部下が失敗したら1回は挽回のチャンスを与えますが、2回目はありません。私はフリーザはすぐキレるキャラだと感じるので上司として見るのは微妙だと思います。私はアニメだとガンダムに出てくるシャア・アズナブルとパプティマス・シロッコの方が人を動かす能力はあるし、自身の戦闘力はあるので上司としてはまだいいと思います。理想の上司像は飲み屋にいるときの話のネタや雑誌のテーマになりますが、仕事をするうえでは悩みのひとつになると思います。

私が2012年に上司から「2013年4月から篠崎図書館と篠崎子ども図書館の館長をやるように」と言われたとき、これといった館長としてのイメージはありませんでした。一応、館長なのでそれぞれの館員の上司になるのですが。逆にいままでいろいろな図書館で働いていたときの館長を見てこれをやるのはやめておこうと思ったことはたくさんありました。たとえば、けんか腰で相手と話をしている館長。机上の空論や理想ばかりで手足を動かさないで椅子に座っていることが多い館長。事務室でみんなが仕事をしているときに突然、とんちんかんなことで部下に怒る館長。出勤時間を守らないで好きなときに出勤して疲れたら「今日は帰ります」と言って帰っていた館長。

さらに、私が篠崎図書館と篠崎子ども図書館に着任する前のそれぞれの図書館長は図書館司書の資格を持っていませんでした。表7は全国の公立図書館の図書館長の司書資格の有無を整理したものです。全国的に見ると司書資格を持っていない図書館長が70%近くいて、司書資格がなくても図書館長になれるのです。これは良くないと思います。一方で自治体によっては館長に司書資格を求めています。司書資格は図書館についての最低限の知識は持っているという証です。司書資格の取得方法としては大学や短大で司書養成科目を開講していれば所定の授業の単位を取る、卒業して社会人になってからの場合は、毎年7月~9月にかけて行われている司書講習で取得、通信教育で取る方法があります。私は学生のときに授業を履修していたため卒業とともに取得しました。

表7　図書館長の司書資格の有無

	人	割合（%）
司書資格有	732	30.8
司書資格無	1,647	69.2
合計	2,379	100.0

出典：日本図書館協会『日本の図書館　統計と名簿　2017』より作成

篠崎図書館は２００８年から開館し私は3代目の館長、篠崎子ども図書館は２０１０年に開館し私は2代目の館長で、私が着任する前から働いている職員はたくさんいます。長くいる職員はそれぞれの館長を比較すると思います。私がけっして上手にやったとは思っていません。毎年、年末になると異動希望の有無を全職員に聞いています。5年間の中で数名、異動希望を出し他の図書館へ行きました。区内の他の図書館ではけっこう人の出入りが多かったので単純に比較すればよかったほうなのかもしれませんが、相性はあると思います。これということは特に行っていないのですが、少し意識したのは大きく5点あります。

1点目、「ダメ」とは言わない。それぞれの図書館で館員から「これやってみたい」と声があがります。ひととおり話を聞きます。「これいいじゃん。やっていいんじゃない」と言います。話を聞いてこれはちょっとまずいなと思ったら「やっていいと思うけど、その日のシフトや人員の配置のことがあるのでクリアになるならやりましょう」と言います。発案に対して全否定はしなく、否定的な言葉は発しないようにしました。2点目、手足を動かす。指示するだけで椅子に座っているのはよくありません。口だけではなく手を動かしたり歩いたりしました。行事のチラシを作るだけではなく、A1サイズで出力してハレパネ（のり付きパネル）に貼って掲示したり、外に出て講師の依頼をしたり、展示用のモノを借りたりしました。3点目、予定をみんながわかるように。私は外出したり私を訪ねに来客がありますので、私の1日のおおまかな予定を記したものを篠崎図書館と篠崎子ども図書館の職員がわかるように掲示していました（図3）。これを見れば私が不在のときに業者から電話がかかってきた場合、電話を取った館員が困ることはありませんし、私に何か話したいときにどのタイミングで私を捕まえればよいかわかります。何をやっているのか「見える化」は必要です。4点目、今までにないことをやる、もしくは先取りする。あることを行うときに他ですでに行われているのであれば、実施するかどうかよく検討します。まったく同じことを行うより、何か付け加えをしてアレンジがきくもの、他との差別化ができるのか否かよく調べます。これは論文や研究発表の先行研究と同じくらい調査して、ここまではすでに実施されていて、ここは他と違うということを明確にします。5点目、飲み会では全おごりもしくは会費を多く出す。江戸川区の図書館は第4月曜日のみが休館日となっています。篠崎図書館と篠崎子ども図書館では基本的に全員出勤にしています。シフト勤務のため全員が集まることができるのはこの日しかないので

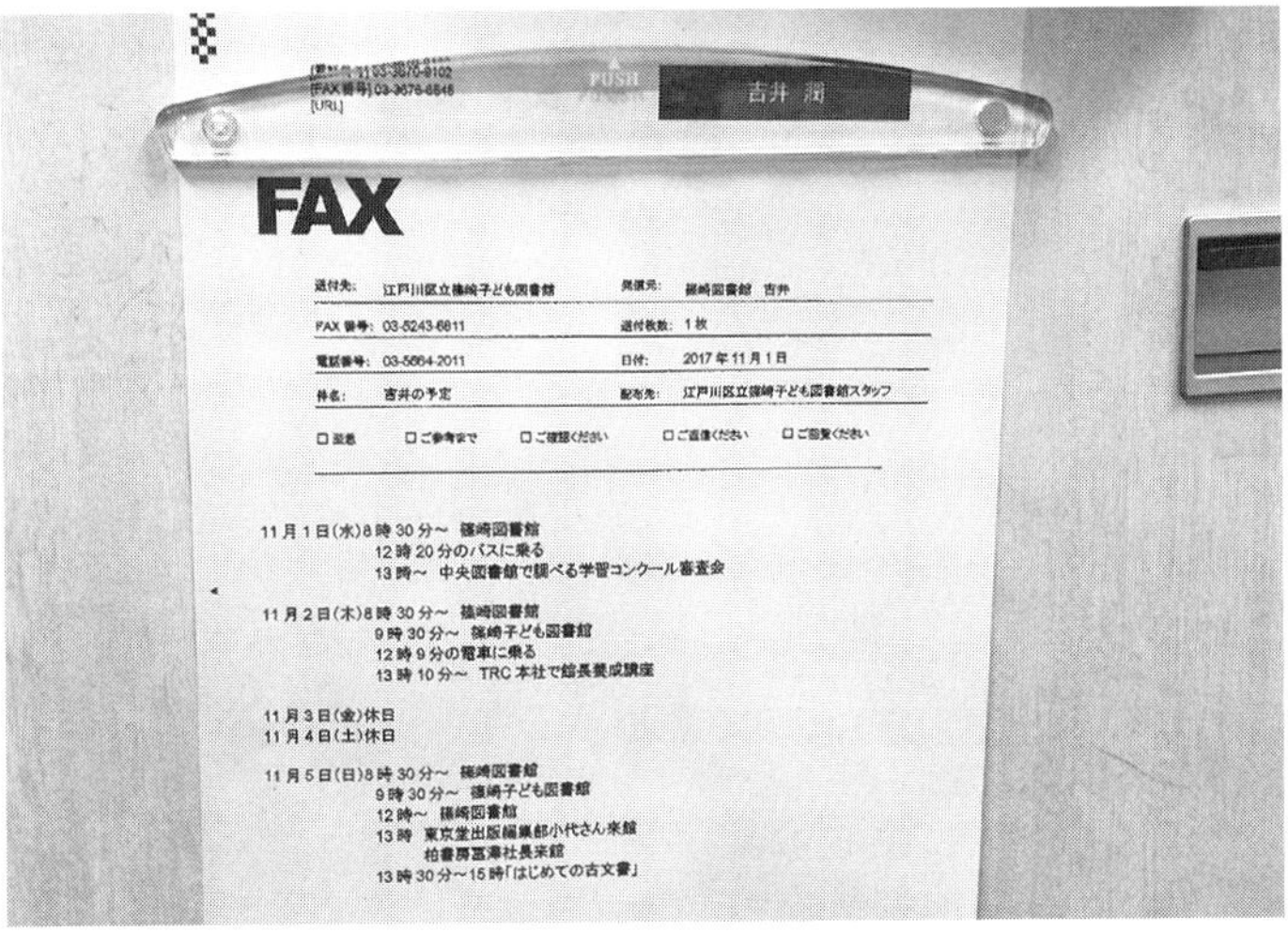
吉井 潤
FAX
送付先: 江戸川区立篠崎子ども図書館
発信元: 篠崎図書館 吉井
FAX番号: 03-5243-6811
送付枚数: 1枚
電話番号: 03-5664-2011
日付: 2017年11月1日
件名: 吉井の予定
配布先: 江戸川区立篠崎子ども図書館スタッフ
□至急 □ご参考まで □ご確認ください □ご返信ください □ご回覧ください
11月1日(水)8時30分～ 篠崎図書館
12時20分のバスに乗る
13時～ 中央図書館で調べる学習コンクール審査会
11月2日(木)8時30分～ 篠崎図書館
9時30分～ 篠崎子ども図書館
12時9分の電車に乗る
13時10分～ TRC本社で館長養成講座
11月3日(金)休日
11月4日(土)休日
11月5日(日)8時30分～ 篠崎図書館
9時30分～ 篠崎子ども図書館
12時～ 篠崎図書館
13時 東京堂出版編集部小代さん来館
柏書房冨澤社長来館
13時30分～15時「はじめての古文書」

図3　館長の予定を記したもの

す。それぞれの図書館で年4回ほど飲み会をしています。図書館という職場のせいかわかりませんが、コース料理にするほど飲み食いはありません。篠崎図書館では1回で5万円、篠崎子ども図書館では3万円で済むので私が全部出すか、2万円くらい出します。2館合わせて8万円あれば足りるのでこれくらいは出します。職場での飲み会は慰労の意味合いもあります。そもそも飲み会を行う場合は、家族で調整して出席している方もいますので負担を感じないように参加できることが大切です。飲み会への参加の仕方は男性と女性ではずいぶんと負担感が違うと思いました。結婚してる方ですと、「主人の夕食は作って冷蔵庫に入れておくか、外で食べてきてもらうか」と考えていたりします。子どもがいる方ですと「夫と子どもが一緒に食べてもらうように作らないと」という感じです。一方、ドラマのワンシーンで男性サラリーマンが夜に家に帰ってきて妻から「ごはんは」と聞かれて「外で食べてきた」と簡単に答えています。私の友達でサラリーマンの男性でも、特に気にしないで夕方に「夜は飲んでくる」とLINE（ライン）で送って終わりにしています。男性はもう少し気を使った方がいいと思います。それくらい飲み会に参加することは考えるものです。他方で、職場での飲み会は飲みにケーションと言われることがそもそも悩む原因かもしれません。２０１７年11月21日の「日刊建設工業新聞」朝刊に「日本建設産業職員労働組合協議会女性技術者会議　前近代的体質の改善議論　飲みにケーションは必要？」という見出しの記事があり、読み進めると働きやすさを追求するにあたって女性技術者の視点を取り入れようということで会議が行われていて、飲み会について、「断ると仕事ができない人と判断されることがある、飲みにケーションが重視されているのがよくない体質、年４回なら仕方ないが、あまりにも頻度が多すぎる」などさまざまな意見があったようです。

理想の上司といいますと明治安田生命は「理想の上司」ランキングを毎年発表しています。ランキングに出てくる著名人はよくテレビや新聞で見ることがあります。ただ、あそこまで活躍できるには練習や調査等それぞれ努力をしています。仮に上司となったときに要求が高いかもしれません。

5 ちーがーうーだーろー！

私は図書館の館長をしていた5年間のうち職場で「ちーがーうーだーろー！」と怒鳴ったことはありません。そもそも5年以外でも怒鳴ったことはないです。怒るのと注意、指導は違います。感情的になってはいけないのです。大きい声を出す必要は仕事中に普段はないと思います。あるとすれば飲食店がお祭りのときに「いらっしゃい」と声を出すときか、社会人野球の試合に出ている自社のチームを応援するときくらいでしょう。

篠崎図書館がある建物は複合施設のため図書館職員以外にさまざまな部署があり職員がいます。事務室が1つの大部屋でそれぞれ部署ごとに机を並べた島があります。ある島ではいっとき朝9時過ぎから「私はそんな指示はしていない」「なんで勝ってにやるの」「それ違う」など職員が怒られているのを見ました。席が離れているので細かい理由や原因がわかりませんが、部屋には他の職員がいるのにと思いました。いろいろ覚えている中で今でも鮮明に残っているのはある職員がパソコンのWindows（ウィンドウズ）のバージョンアップを勝手にやった様子です。そしたら「私がいつ指示した」から始まり結局、「元に戻すように」と。そこの部署は職員がころころ代わっていましたが、トップが交代してから人の定着は良くなっていました。

他の島では特定の曜日になると50代後半の男性職員同士で言い合っていることがありました。

「なにやっているんだ」「ちーがーうーだーろー！」から始まり「それは私じゃない」というと「言い訳をするな」と言い返されて声が部屋に響きます。10分くらいやっています。片方の男性がだんだん苦しそうな変な咳をしています。ストレスなんでしょう。あるときにその島に職員がひとり着任しました。最終的にいつも言われっぱなしになる方の職員があるとき「1人入って助かった。今までは1対1で憂鬱だった。争っているときにひとり当事者じゃない人がいると炎上する度合いが違う」と言っていたのが印象的でした。そのとき私は場合によってはレコーダーを用意して相手に向かって「これから録音するぞ」と予告することを勧めましたがどうしているのかわかりません。2017年に元衆議院議員が「ちーがーうーだーろー！」と連呼している音声がテレビで何度も放送されていましたが、騒いでいるときに録音されている可能性は頭の片隅にないんでしょう。いつも私が思うのは虐待やDVを受けて育つと、自分の子にもしてしまう連鎖があると言われることがあるのですが、まさしく該当する事例ではないかと。

図書館以外の部署ではこうやって怒られている場面や大きい声を出しているのはありました。ある篠崎図書館の職員が「いつもあの島の○○さんが怒っているのを見ると私が怒られている感じがしていたたまれないです」と私に言うことがありました。私もなんとかしたいのですがそもそも組織が違うので「他に多くの人がいるのであんな感じで怒るのをやめてください」というのも微妙でした。越権行為にあたるからです。あえて意識したのは2つあります。1つ目は、楽しく仕事をしているところを広く見せることです。いつもだと騒がしいだけでうるさいと思われます。大掛かりな展示物を作りながらたまにげらげら笑い話になるときがあります。数日後にカウンターにいた職員が事務室に来て「〇〇新聞社の方が来ました」と私に教えてくれるので楽しそうに「はい、はい」と言って向かいます。

私は仕事の用事で他の図書館に行くことがあり、事務室に入った直後に館長が「手順が違うじゃないか」と大きい声で館員に言っているのを聞いて最初私が何かやらかしたかと思ったことがあります。ある図書館で会議があったときに60歳過ぎの方が「それは違うじゃないか」と言っていて後で同じ会議に参加していた他の方から「いつもあの図書館はあんな感じなのかしらね」と。仕事だからいつも楽しいわけではないのですが、いつも誰か怒っている職場ではつまらないと思います。

2つ目は注意や指導がどうしても必要なときには多くの職員がいるところではなく個別に呼んで話します。「すぐ終わるからちょっといいかな」と声掛けをします。3分あれば十分で無駄話をしなく端的に話すことがいいです。場合にはこれは警告1回目と言い3回はないよと言います。このときもいつものように淡々と理由を話をして大きい声を出すことなく終わります。

怒声をあげるというのは受け手が指導や注意と思わなければ意味がないことです。そもそもそう思わないでしょう。何か言われて腹が立つくらいだと思います。言った側はかーっとなった一時の感情でスッキリすると思いますがよくないと思います。それに、他の人がいて見ていたり聞いていたりするところで一方的に声を荒げるのは見せしめでよくありません。多くの人がいるところでやるのは褒めるときだけです。これからは少子化で若い労働力は今よりも少なくなるのは確実。いままでのように自分が怒鳴られた経験を気にすることなく若者にしていると、言われた側は「ここは無理だ」と思ってすぐ退職するでしょう。怒鳴る癖がある方は録音されているのではないか、とたまには意識した方がいいと思います。どんどんICレコーダーは小型化して音をよく拾い、長時間録音できます。もし、自身がわめいたり騒いでいる音声が週刊誌やテレビに載ったら再就職は難しいと思いましょう。けれども、何でもかんでもすぐに「パワハラだ」となるのはよくはなく、地位や人間関係などで上下があって度を超えて身体的・精神的に苦痛を与えたり職場などの環境を悪化させるのはパワーハラスメントだと思うようにした方がいいです。

6 ハラスメントはほどほどに

2018年1月15日号の『日経ビジネス』をめぐると「広がるハラスメントにおいも標的に」という記事がありました。においもハラスメントになってスメルハラスメントと言われるようです。「におい」は難しいです。いろいろあり、体臭、口臭は定番です。東急ハンズなどに行くと男性用の対策グッズが多く陳列してあります。香水や化粧品はつけ過ぎな場合があるかもしれません。記事には柔軟剤についても不快に感じる人がいることが記されていました。

記事にはハラスメントの表があり、見出しには「もはや何でもハラスメントに」と。見ていくとブラッドタイプハラスメント、ソーシャルハラスメント、テクノロジーハラスメント、エイジハラスメント、テクスチュアルハラスメント、セカンドハラスメント、パタニティハラスメント、カラオケハラスメント、ジェンダーハラスメントとあり、なんとなくイメージはつきます。ですが、私が初めて知ったのは「エアコンハラスメント」でした。定番のパワハラ、アルハラ、セクハラ、アカハラ、モラハラ以外にどんどん言葉が出てきます。このような言葉を考えるのは誰なんだろうと。なんでもかんでもハラスメントにするのは少し考えた方がいいと思います。ハラスメントにすればその事象は「○○ハラスメントだ」と言って当てはめるだけになります。それで解決したように思い、機械的になると思考停止になります。自分たちでどんどん首を絞めていくだけになり、疲れると思います。

「エアコンハラスメント」についてはわざわざハラスメントという言葉にしなくてもいいと思います。男性が少し周りを見て気にすればいいことです。男性は暑いと思うから温度設定を低くしがちで女性にとっては寒いので人によってはひざ掛けがないとつらくなります。私が区役所に用事があって行ったときに夏なのに冬用の靴下を履いている職員を見たことがあり聞いてみると「寒い」と。もちろん区役所は適切な設定温度ですが、体感は人それぞれです。暑かったらいっそうのこと小さい卓上型扇風機を隣の方に風が当たらないようにするといいでしょう。温度設定が低くて寒いから「エアコンハラスメントだ」というのは概念として定着しているパワハラ、アルハラ、セクハラ、アカハラ、モラハラとは少し次元が違うでしょう。もちろん気に入らない人に冷気が直接当た

図4　パワハラとセクハラ研修

るように風向を設定し、強風で設定温度を低くしていれば嫌がらせです。上司が部下に向けてたらパワハラになると思いますが。

私が館長をしていたときは篠崎図書館と篠崎子ども図書館の職員全員が集まった図書館休館日の第4月曜日に、研修や人材育成のセミナーを行っている企業が作成した教材用のDVDを使ってパワハラとセクハラについて学びました（図4）。みんなで具体的な事例を見たり、グループで話し合うことでパワハラとセクハラについては共通認識ができると思ったからです。いつも怒鳴っている上司がいるのか、人前で叱られているのをよく見るのか、上司の顔色を見ながら仕事をしている人が多いのか、愚痴が多いのか、仕事とは関係ないことをいろいろ言ってくる人はいるのか、いろいろ見る視点はあります。やはり「あの島のあれはパワハラになるんじゃないのか」と言う館員もいました。職場として一定のラインを認識しておけばお互いにいい意味での緊張感はあるしパワハラ、アルハラ、セクハラ、アカハラ、モラハラを未然に防止できると思います。それぞれの企業でもみんなで研修を受けて何がアウトになるのか認識した方がいいと思います。みんなそれぞれの基準だから線引きがわからなくて困っていることもあるでしょう。

「これくらい冗談」「コミュニケーション」と思って言っている人は意識した方がよく、組織内でハラスメントが発生したときに適切に対応できることが重要です。2018年は主にスポーツでパワーハラスメントが話題になりました。先輩と後輩、指導者と選手のように上下関係が厳しいため発生しやすいです。私が気になったのは、パワーハラスメントは悪いことですが、組織の権力闘争に利用して誰かを貶めるのは次元の違うことで、これはこれで考えなくてはいけません。

7 仕事机を見ればデキる人かわかる

私は仕事が終わったら机には最低限の物しか置いていません（図5）。帰るときに書類や文房具はきれいにしまいました。理由は単純です。私が帰宅した後に私の机に書類を置く職員、モノを置

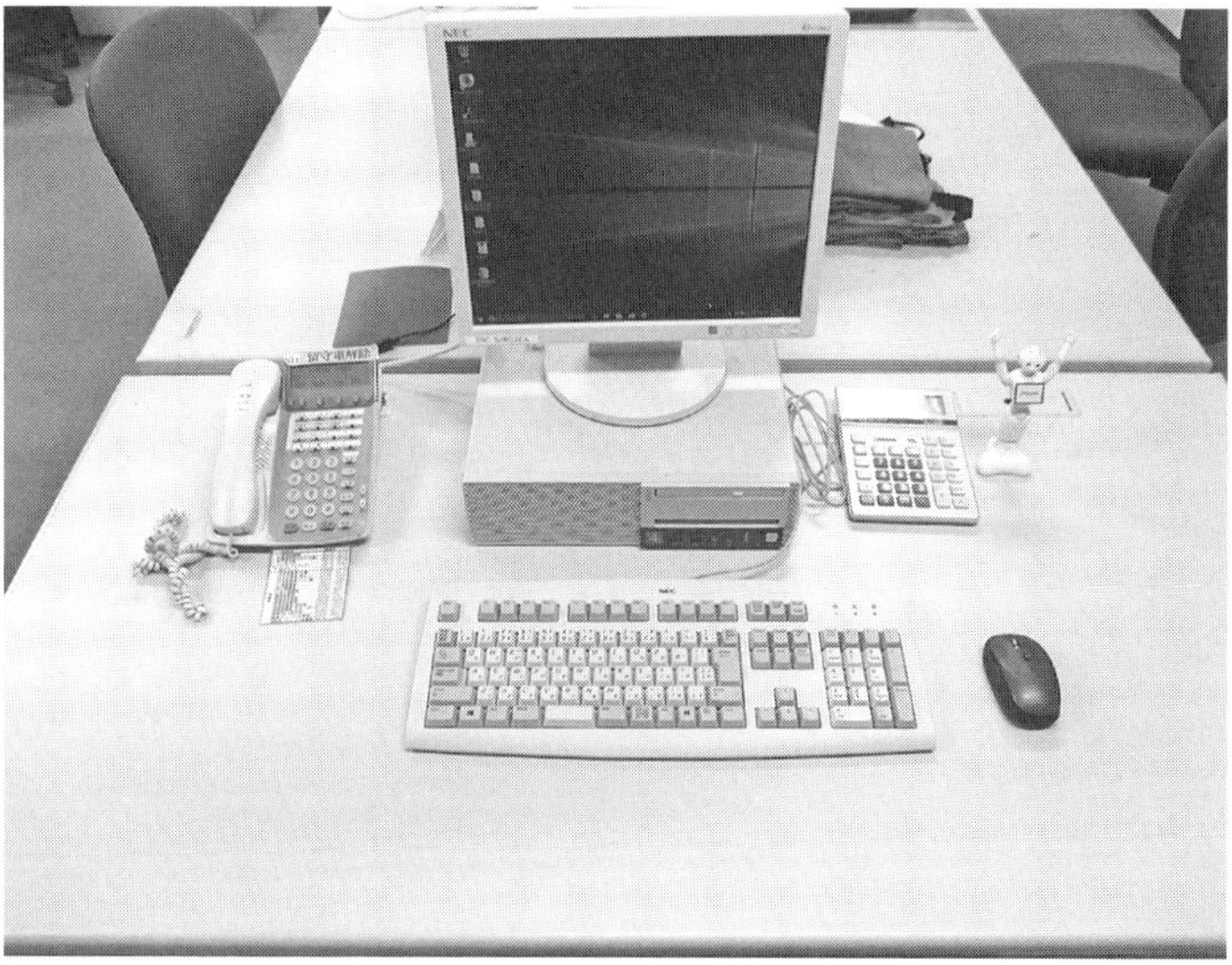

図５　私が篠崎図書館で使っていたときの机

く方はいました。出勤したときに何から手をつけていいのか簡単にわかり時間のロスがなくなります。仮に机に書類の山があると、置く人はどこに置いていいのか困ってしまうでしょう。その館員にとって数分ロスします。夏や冬の時期は空調が効いていると風で書類が飛んでしまうこともあるでしょう。床に落ちたモノは清掃の方がゴミと認識して捨ててしまう可能性があり、「書類がない」となっては時間の無駄です。

仕事柄、いろんな図書館の事務室や企業の事務室に入ることがあり、思ったのは机がきれいな方は仕事が丁寧で無駄がないです。一方で書類の山ができていたり、空のペットボトルの空がある方はおちょこちょいな人が多いです。「先日のどうでしょうか」と尋ねると「あれれ、書類どこいった」と言って探していたり、「あー」と聞こえた方を見ると書類が机からボタボタ落ちていたりします。書類やモノの整理が苦手なのかなと。それは仕事の優先順位のつけ方や終わった仕事の整理がうまくできていないと予想ができます。

図書館の業界では仕分けは重要です。業界では分類と言って司書資格の授業で学び、本のテーマによってどこの本棚に置くか考えるものです。たとえばフランスの歴史の本は「235」と番号を付けて歴史の本棚に置きます。フランス料理の本は「596」と付与し料理本の棚に並べます。3桁ではなく4桁、5桁にして細かく分けていることもあります。日本の図書館全体でルールが決まっています。

書類を図書館の本の分類のようにする必要はないのですが、大きいカテゴリーと小さく分けたカテゴリーを作って仕分けしています。机の引き出しには個別フォルダーを設けてよく使うものは手前にして、あまり使わないものは後ろ側に置きます。1カ月に一度フォルダーを開いて捨てるもの、まだ入れて置くものに分け、場合によってはスキャナを使ってデジタル化します。そうしていくと不要な書類はどんどんなくなっていきます。1年経ったときに残っている書類はどうやっても必要なものです。

書類を整理するときに使うファイルも重要です。紙でできたフラットファイル、リングファイル、キングジムのキングファイルをそれぞれ職場で使っていると思います。私の場合はフォルダーの大カテゴリーを後で見る頻度によってファイルを使い分けています。フラットファイルを使うときは何度もとじ具を外して中の書類を取り出すようなことがないものにしましょう。綴じたファイル1冊で完結するように使うといいでしょう。リングファイルはパンチ穴が破れやすいです。書類がぼろぼろになりやすいのでビニールのファイルポケットに書類を入れた方がまだいいです。キングジムのキングファイルは私は請求書、納品書、領収書を綴じるときに使用していました。私はやらないのですが、人によってはキングファイルを机の引き出しに背が上になって見えるように入れています。これはやめた方がいいです。引き出しのスペースがもったいなく、さらにファイルを取り出すときに下から持ち上げるようになるため重たいです。ファイルの天と地を持って上げるため書類が重くてとじ具が外れて壊れるのを見ました。キャビネットに縦置きがいいです。その上、キャビネットにしまうときよく見る書類にA4サイズの紙でできたフラットファイルを使用することはあまりお勧めしません。取り出すときに上段を人差し指で引っぱることが多いのですぐボロボロになり、見栄えが悪いです。

自分の仕事の進捗状況を体感するためにも書類の整理は定期的に行うことが重要です。無駄がなくなり仕事が効率的になり不要な残業はなくなります。

8 基本はアーリオ・オーリオ・ペペロンチーノ

私は普段は自炊をしています。何年もやっていると基本的なことはわかります。外でご飯を食べるときは基本的なものを注文し、それが美味しかったらまた食べにそのお店へ行きます。たとえばイタリアンならアーリオ・オーリオ・ペペロンチーノを食べます。私はこれでシェフの腕がわかります。オリーブオイル、ニンニク、唐辛子でつくる基本的なオイル系のスパゲッティで、豪華な食材でごまかすことはできないのです。アーリオ・オーリオ・ペペロンチーノはイタリアでは家庭料理として有名で、香り、うま味、適度な辛さを絶妙にするのは難しいです。ニンニクの扱い方によって香りが全然違います。

図6　アーリオ・オーリオ・ペペロンチーノ

私がたまに行くイタリアンのお店ではシェフが忙しそうでなかったらアーリオ・オーリオ・ペペロンチーノを頼んでいます（図6）。あまりにもおいしかったので、他の日にも頼んだら1度だけシェフが「入っていいよ」と厨房に入れてくれて作っている全行程を見たことがあります。解説しながら作ってくれましたが、私が家で真似できるかというと無理です。見ても、仮にレシピとして文字になったとしてもちょっとした技はあり、職人だからできるものもあります。ちなみに私はパスタを作るときに茹で汁は入れません。

仕事をするなかで大きいことから小さいものまで課題は出てきます。大きいものだと先輩の経験をどう引き継ぐのかということです。営業だと取引先の情報は文字として残せるものもあれば残せないこともあるでしょう。「あの得意先の○○さんは××の饅頭が好きだよ」も引き継ぎ事項になるでしょう。私が篠崎図書館と篠崎子ども図書館の館長になるときに館長からの引き継ぎ事項はほとんど口で言われるだけで特に文書というものはありませんでした。記憶力はよかったので特に困ることはありませんでしたが紙で欲しかったです。私が今度離れるときには引き継ぎ事項が2館あわせて120項目あったので文書にしました。500ページになり、2018年3月8日から引き継ぎを開始しました。ひととおり文書に基づいて指さし確認しながら行ったので、後任の方がそのときに覚えきれなくても後でこの文書を見ればわかるでしょう。私は後で前職場から電話がかかってきて尋ねられるのが嫌なので一応、残しています。7月16日に私がセッティングした篠崎図書館のイベントがあって行ったときに、現館長にある業者との契約について聞いたらまだやっていなかったので文書にして残しておいてよかったです。「そこに書いてあります」と言っただけで済みました。

後任の方に館長業務の引き継ぎを行っていると、仕事が事務仕事ではなくモノづくりや芸術では職人の世界となるので、文字にして残すよりは「こうやって」と口伝になるのではないだろうかと感じました。職人として一線で働いてきた方は高齢になり、いつまで続けることができるのか心配になっていると思います。自宅にある障子や畳、刃物、伝統工芸品に限らず何十年と受け継がれた技術を伝える人が減っていき、誰にどうバトンパスするのかということはこれから日本全体の大きなテーマになるでしょう。私は子どものころ帰省したときに障子に指を突っ込んで穴をあけてよく親に怒られていましたが、祖母がすぐ張り替えているのを見ました。今、私が障子を張り替えることができるかといえば否です。

先日、あるお店でご飯を食べていたときお隣の女性客と少し会話をしたところ、その女性は浴場の壁に富士山などのペンキ絵を描く銭湯絵師の修行中のようでした。厚生労働省の平成29年度衛生行政報告例の概況によると、銭湯の他、老人福祉センター等の浴場を一般公衆浴場というのですが、1989年に全国で1万2228軒だったのが、2009年には5494軒、2017年には3729軒まで減少しています。家庭のお風呂に入るのが一般的になり、そもそも銭湯に入る方は減ってきていると思います。南こうせつとかぐや姫の「神田川」（1973年）の歌詞に出てくる横町の風呂屋を知らない若者がいると思いますが、映画「テルマエ・ロマエ」で、俳優の阿部寛さんが古代ローマの風呂から現代日本の銭湯へタイムスリップするシーンで銭湯と銭湯絵を見たことはあるかもしれません。現在、日本国内で銭湯絵師は3人しかいなく、80代、70代、30代です。伝統の技術を受け継ごうとしているのはすごいと思ったことがあります。

最近のキーワードのひとつとしてロボットがよく出てきます。ロボットで代替できるものもあるかもしれませんが、そもそもロボットを完成させるためにお金がかかります。大量生産、大量消費するものは機械化やロボットにやらせてもコスト回収は容易でしょう。いわゆる職人技は一度、途絶えると後で復活させるのは知っている人がいなくなっていて厳しいです。文献や写真から見よう見まねで作ることはできるでしょうがちょっとした技はなかなかわかりません。対応策として映像や音声で一部始終を撮ったとしても参考にはなりますが、実際にそのように作れるかはやはり簡単ではないと思います。どう、先人の技術や知恵を吸収していくのか、私たち20代から40代の課題のひとつだと思います。

9　PDCAサイクルではなくPCDRサイクル

ＰＤＣＡサイクルという言葉を仕事をしていると一度は聞いたことがあるかもしれません。書店の店頭に陳列しているビジネス書でもＰＤＣＡサイクルについて触れているものもあります。ＰＤＣＡサイクルはJapanKnowledg（ジャパンナレッジ）で検索すると5ヒットしました。「イミダス２０１７」によると以下のように書かれています。

計画を立て（plan）、実行し（do）、その結果を評価（check）し、改善する（act）という一連のプロセスのこと。品質管理の権威であるエドワード・デミング博士が提唱したことから、欧米ではデミング・サイクルともよばれる。ＰＤＣＡサイクルの最大の特徴は一連のプロセスを次の計画に反映させることにある。新たに計画を立案する際、これまでのＰＤＣＡサイクルを再検討することにより、より良い成果をあげることが期待される。現在、ＰＤＣＡサイクルの考え方は政府や自治体による政策、プロジェクトの評価や、ISO14001規格における環境マネジメントシステムなど、品質管理以外の幅広い分野でも取り入れられている

私はこの通りうまく行った事例をたくさん知りたいです。図書館でもいろいろな取り組みを行うのですがこの通りにしっくりはいかないことが多かったです。みなさんの職場ではどうでしょうか。

私はＰＤＣＡサイクルはちょっと違うのではないかと思います。計画、確認、実行、反省だと思います。計画と実行の間に確認が必要だと思います。この確認がおろそかになると実行段階になって突然「あれ、そうだっけ」「しまった」ということになり時間のロスになります。当初の計画から実行まで少し時間が空いていることがあり、そのときに若干計画が変更になった場合、全員が情報共有していないと足並みがそろわなくて「えっ、私は知らない」「聞いていない」「えっ、なにそれ」となります。

２０１８年の年明け早々にしまったな、と思ったことがあります。ある行事があったのですが、担当の職員は慣れていると思ったので特に口出しはしませんでした。休みの日に映画館で映画を見

ているとと携帯電話にメールを着信。「お疲れ様です。お時間ある時に連絡をください。よろしくお願いいたします」。見ている映画が終盤だったので退出しないでとりあえず最後まで見てから電話して聞くと「明日の講演会の講師の先生はMacです。プロジェクターつなぐ白いもの持っていますよね。明日持ってきてください」と。Mac（マック）とプロジェクターを接続する場合、アダプタが必要になります。VGA接続する場合のしか持っていなかったのですが、家に帰って探すと所定の場所にはなくいろいろ思い返すと友達に貸していました。ということで、パワーポイントの資料を容量は重たいのですが送ってもらって、当日はWindows（ウィンドウズ）で映すことになりました。後日、担当の職員から講師料の支払いの書類をもらいました。そのときに振込先が会社の口座なのに源泉徴収するようにとなっていたので（一般的に会社に振り込むときは源泉徴収はしない）「これでいいのかな」と聞いたら「大丈夫です」と言うので経理に回しました。そしたら経理から「これはやはりおかしいです」ということで講師の方に支払い方法について確認することになりました。時間のロスです。

私が直接、講師の先生とやり取りをする場合が多いので事前に源泉徴収はこちらで行うか、行わなくていいのかを聞いたうえで振込先を聞きます。また、パソコンは使うのか使わないのか、使う場合はご自身で持ち込むのか。持ち込む場合はWindowsかMacなのか聞きます。私が先生とやりとりしなくて別の職員が行うときでも講演会の前に「源泉徴収をするのかしないのか、パソコン使うかどうか聞いておいてね」と言ってました。なぜか「〇〇さんなら慣れているから大丈夫だろう」と思ったのがいけなかったのです。確認不足です。

さて、個人で講師料をもらう場合は源泉徴収の対象になり、法人は源泉徴収の対象になりません。講師の先生に支払う手取り金額を2万円とした場合、講師料は源泉徴収税額を含んだ2万2274円にして、源泉徴収額（講師料の10・21パーセント相当額）が2274円となって2万円が指定口座に入金されるようにしていました。

何か行うときは計画し（plan）、確認し（confirm）、実行し（do）、反省する（reflection）というのが大切だと思います。反省する（reflection）も大切です。反省があるから改善があるのです。これらを略してPCDRサイクルと名付けます。私の造語です。PCDRサイクルという言葉が定着するといいなと思います。

学部生だったときに船井総合研究所、アンダーセンで働いていた方が「企業実務概論」という授業をしていたので履修したことがあります。そのときにコンサルタント業界や経営学で言われるSWOT分析、3C分析など戦略フレームワークの話は一通り聞いたことがあり、そのとき思ったのは無理に事象をフレームワークに落とし込む必要はないということでした。たまにプレゼンを見ることがありSWOT分析で何か話しているですが、弱み（Weaknesses）と脅威（Threats）がごっちゃになっているのがよくあります。フレームワークが構築された時代の仕事の仕方と今では仕事の手順やスピード感は違います。この前、ある60代の男性が「QCサークルを知らない若者が多い」と言っていました。世代によってフレームワークの流行がありますが、ずっと過去のものを引きずっていては時代の流れに追いつかない可能性があります。２０３３年には仕事の方法や進め方も今とは変わっているところもあります。いっそうのこと新しい枠を作るくらいの感じでもいいと思います。

10 メールを上手に使おう

私は図書館の館長になってからメールの授受の数がいっきに増え、今は少なくなりました。館長だったときは1日休むと翌日出勤したとき1時間は前日の処理に追われます。マルイチベーグルのベーグルを食べながら7時50分以降をメール送信の時間としました。9時前に返信をもらう確率は高かったです。もらった方にしてみれば、私のメールが未読で一番上に着ているから先に読んでくれます。休日でもお酒を飲んでいないときはメールの返信などをしていました。私からの返信を受け取った方がメールを送るのではなく図書館に電話をかけて「今日は館長休みです」と言われることはよくあり、翌日、出勤すると机にメモがペタペタと。私としてはその日に少しメールの授受があれば終わるだろうと思っていたんですが。お酒を飲んでいるときにはメールの文面は読んでも返信はしません。

図7は２０１８年1月26日の朝に職場についてメールを開いたときのものです。前日の25日は共

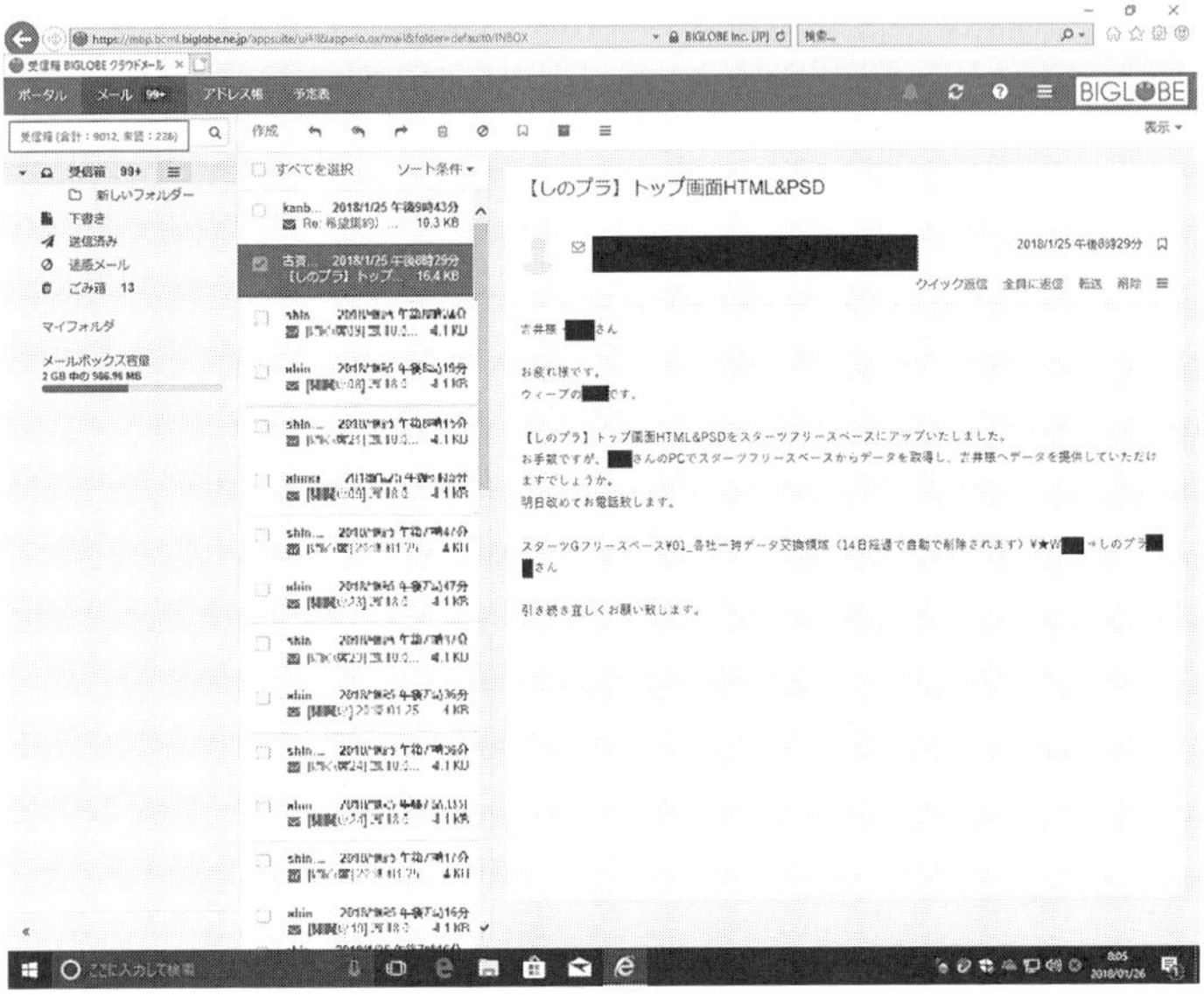

図7　メールの画面

著の原稿を青弓社に渡すために休日にしていました。未読のメール件数は226件です。ただ、このうちすぐに返信をした方が良いものと同報で来ている場合があって割合としては半々です。同報で受信している場合では私がメインでかかわっているものと、単なる情報共有があります。このメールは私が業者にお願いをしていたものです。単なる情報共有は「ふ〜ん」程度でとりあえず見ただけです。特に返信はしないし、すぐにゴミ箱に入れます。メールは便利なときもあれば不便なときもあります。同報の数が多ければ多いほど、1対1のやり取りが埋もれやすいです。埋もれないために休みの日でもメールボックスを確認します。

何かに対する返信は数行で終わらします。一方、こちらからお願いをしたり、面識がない方には段落ができる文字数になります。前者に関しては私の中でパターンを設けています。定型文があり、Aということだったら○○で、Bということだったら△△ということにして時間の節約をしています。お互いに顔を知っているので無駄な挨拶は削除して用件だけでいいのです。そして、たいしたことでもないことを最初から時間をかけて文章を考えているのは時間の無駄で電話した方が早いです。後者に関してはいきなりパソコンを使って文字を打つのではなく、紙にアウトラインを書いて100文字程度で収まるようにしてから文章を打ち始めます。講演会の講師依頼は8段落に収まるようにし、逆に段落数が少ないとなんで依頼をするのか伝わらないです。いきなりメールの文章をパソコンで打ち始めるとバックスペースとデリートで簡単に消せるのですが、思考の跡が残らなく同じことを考える場合があって時間のロスです。紙にアウトラインと数行の文章をそれぞれの段落に書くことで、相手がメールを受け取ったときにどんな印象を感じるのか想像しながら考えることができます。

私から依頼をしたときによく先方さんから返信のメールで「初めから謝礼が書いてあるのはありがたい」と。私がそもそもの依頼の理由を記した後に必ず、次の5つは記しています。日程案、時間、会場、参加対象年齢と人数、実費の交通費とは別に謝礼。謝礼は源泉徴収をこちらでするのかしないのかをついでに尋ねます。講師の先生に聞くと、謝金をあらかじめ提示されることは少なくて、依頼文を後日もらったときにいくらと書かれていることがあるようです。講演会を開催するときに誰かに依頼するときは報酬額を最初に伝えるべきだと思います。依頼された側の立場に立つと気になることですし、聞きにくいものです。以前、篠崎子ども図書館で子ども向けにある絵本作家にいつものように謝礼の金額を記して依頼したら「講演料は交通費とは別に20万円からです」と返信があり、区役所の方と相談して速やかに丁寧にお断りしたことがあります。もし、お金のことは電話で話しにくいのならば最初のメールかお手紙で記しましょう。

メール以外の連絡手段として電話と直接会うことがあります。電話については緊急事態ではない限り朝は10時過ぎてから使い始めて16時30分以後には電話をかけないようにしています。16時50分過ぎに私宛に電話がかかってきて要件がたいしたことでないときは「それは別に今電話することじゃないけどな」と心の中で思っています。私が休みで図書館にいないとき、館員が困ったことがあれば携帯電話に電話するように言ってあったのでよくかかってきました。翌日に動くよりはその日で対応できた方が処理が速くできて後で楽です。

直接会う場合はいきなり会って話をするのではなく、事前にメールか電話で話す内容を決めていることが多いです。細かい詰めをしたいときに会って相手の顔の表情を見ながらの方が話はサクサク進みます。添付ファイルで事前に資料を送っていいものは先に見てもらった方がいいです。その場で見せるものとそうでないものの使い分けがあるのでメールを上手に使いましょう。

11 PowerPoint（パワーポイント）の使い方とプレゼンテーション

仕事をするうえでプレゼンを見たりすることがあります。ほとんどの方は Microsoft（マイクロソフト）の PowerPoint（パワーポイント）を使用しています。私はプレゼンが始まる前のデスクトップの画面を見て、最新のものなのか、いまだに古いものを使っているのかパソコンのバージョンと PowerPoint のバージョンを見ています。お金はかかるのですが、最新のものだと PowerPoint は進化しているのでうまく使いこなせているのかを見ています。また、壁紙にいろいろフォルダがあるのを見ますがみっともないのでせめてプレゼンの直前に隠した方がいいと思います。情報漏洩リスクも下がります。

他方、自分が研修や授業でお話をするときがあります。私は職場のパソコンは Windows（ウィンドウズ）なので、Microsoft の基本的なソフトは使っていますが、自宅にあるパソコンは Apple（アップル）の MacBook（マックブック）です。研修で話す内容は通常の勤務時間内では考える時間がないので家で考え、Keynote（キーノート）でスライドを作っています。最近の PowerPoint は前よりは使いやすくなっていますが Keynote の方が私は好きで、理由は3つあります。スライドのデザインがシンプル、書体がいい、マジックムーブを使ってアニメーションが簡単に挿入できる。

相手の方がPowerPointを使ってプレゼンテーションをしているときにがっかりすることが多々あります。特に次の3つは残念です。配布資料とスクリーンに投影されているものが同じ、ひとつのスライドにいろいろ詰めすぎで文字が小さい、スライドに凝りすぎて話全体にストーリーがない。

配布資料とスクリーンに投影されているものが同じなのはよくあります。かつ話していることがスライドに書かれていることばかりです。だったら話を聞かないで紙で配布されたスライドを見ればいいのです。次に何を話すのか紙をめくればわかるので展開も読めて印象に残りません。私の場合は配布資料とスライドに投影しているものは基本違います。そうしないと顔をあげてスライドか私の方を向かないからです。図表をスライドにべたっと貼ることは基本的にはしないで簡単な円グラフや写真程度とします。細かい数字は配布資料に見やすい大きさにして「お手元の資料の表をご覧ください」と言って顔を下に向けてもらいます。

ひとつのスライドにいろいろ詰めすぎているのもよくありがちです。ひとつのスライドに1テーマが基本だと思います。結局、ごちゃごちゃしているとそのスライドで何がいいたいのかよくわかりません。しかも文字が小さくなるので遠くにいる人は読めません。だから配布資料を見るように誘導しているのだろうかと思ってしまいます。見ている側が目を細めてスライドを見たり、印刷物をメガネをはずしてじっと見ているようでしたらそのプレゼンは失敗だと思った方がいいでしょう。これからは60歳過ぎて70歳近くまで働く方が一般的になるので年配の方でも見やすいようにしなければいけません。私は本文は最低で26ポイントで、平均は44ポイントです（図8）。文字が大きいので必然的にスライドの枚数は多くなります。私に与えられた時間が90分だとスライドは90枚から100枚です。1つのスライドは30秒から1分で画面が切り替わります。他の方を見て思うのは1つのスライドから次のスライドに移るまでに3分は長く、飽きます。サクサクいきましょう。

致命的なのがスライドに凝りすぎて話全体にストーリーがないことです。PowerPointのアニメーション機能を駆使して動いたりしているのはおもしろいです。ただ、「で、何が言いたいの」と思うことがあります。スライドが切り替わるたびにキャラクターのようなものが毎回登場して動いているのもだんだん飽きます。プレゼンテーションそのものがお話になっていないです。せめて、1話完結のドラマのように見ている側が「で、次はなに」と思うようにしなければなりません。私がマジックムーブを使ってアニメーションをプレゼンで行うのは「ここぞ」というときの1回です。見ている側が「あれってどうやったんだろう」と思うためです。

私はいきなり、Keynoteを立ち上げてスライドは作りません。正方形タイプの付箋（75×75）にサインペンで書いていきます。付箋1枚がスライド1枚です。画用紙などに書いてぺたぺた貼っていきます。そうすると起承転結になっているのか、ストーリー

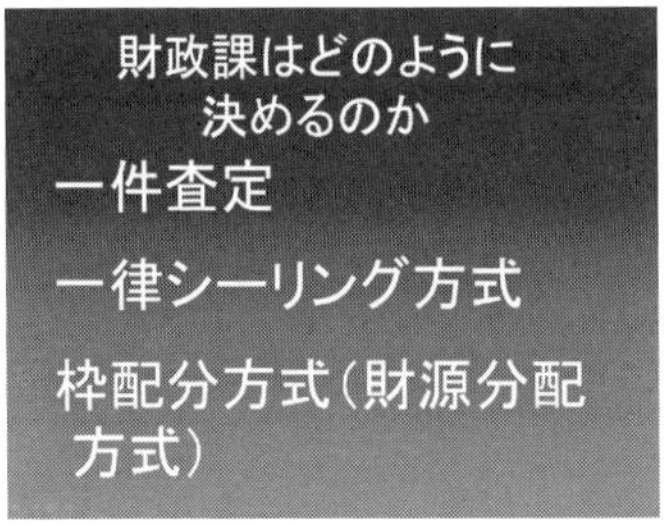

図8　プレゼンで投影しているスライド

になっているのか、どこのテーマのスライドが多いのか簡単に把握することができます。

プレゼンテーションを考えるときにいきなりPowerPointを立ち上げて文字を入力するのはやめてみましょう。鉛筆かペンを持って脚本を作るように伝えたいメッセージ、物語を練りましょう。

12　仕事で必要な情報は図書館で収集しよう

2018年4月から都留文科大学で週に1回ですが、学生さんに「情報サービス演習」という科目の授業を2つしています。これは図書館司書の資格を取得するときに必修となるもので、授業の内容は情報検索や図書館の来場者からの質問に対する回答を疑似体験するものです。実際にあった質問をそのまま出題することはしていなく、学生が答えることができるレベルに変換して出題をしています。次の4つは実際に学生さんに出題したものです。みなさんはどう解きますでしょうか。

①2016年に日本国内で一番売れたゲームソフトは何か
②2015年以降で日本人が海外旅行に使う1回あたりの費用はどれくらいか
③交通事故で子どもが死亡した場合の慰謝料はおおよそどれくらいか
④静岡県富士宮市と隣接している富士市、御殿場市に病院はどれだけあるのか

学生さんはまず何から手を付けていいのか最初は困っています。とっかかりがわかりませんが回数を重ねると解答がスピードアップしています。このような類の質問は図書館で実際に寄せられており、図書館員は図書館にある本、契約しているデータベース、インターネット上の情報源を使って日夜回答しています。回答の原則として記録された情報に基づいて回答し個人的な記憶では行いません。今回は一例として、それぞれについて実際にみなさんも手に取って確認できるよう1冊本を紹介します。

①については『ファミ通ゲーム白書2017』（カドカワ）の412ページに2016年ゲームソフト推定販売本数TOP1～50として表形式で書かれています。1位は「ポケットモンスターサン・ムーン」で推定年間販売本数は324万6222で、2位は「妖怪ウォッチ3スシ／テンプラ」で139万7436、3位は「ファイナルファンタジーXV」の86万127でした。この本は税別で3万7000円するので個人が買うのは関係者でなければ難しいでしょう。国内ゲーム市場を知るのにちょうどよく、ハード市場、ソフト市場、月別データ、ジャンル別データ開発会社の状況がわかります。

②については『JTB　REPORT　2017　日本人海外旅行のすべて』（JTB総合研究所）の31ページに記されています。2015年は25・8万円、2016年は23・8万円とあり、旅行

参加費（ツアー代金など旅行出発前に支払った金額）が前年と比べて減って15・2万円だったようです。この本は税別で1万2000円で少し高いですが、海外旅行者数や海外旅行の実態が簡潔に紹介されていており、わかりやすいです。

③については『民事交通事故訴訟　損害賠償額算定基準　上巻（基準編）2018』（日弁連交通事故相談センター東京支部）の167ページに2000万〜2500万とありますが、「本基準は具体的な斟酌事由により、増減されるべきで、一応の目安を示したものである」と注意書きがあります。この本は書店で買うことはできなく、公益財団法人日弁連交通事故相談センターの本部に行くか、FAXで注文することになります。損害保険関係の方、交通事故専門の弁護士は鞄に入っているものです。

④については『中部病院情報　2017年版』（医事日報）の66ページから富士宮市（病院数6）、73ページから富士市（病院数13）、92ページ以降に御殿場市（病院数8）にある病院について診療科目、医療サービス・施設、医療従事者数、特色などが書かれています。この本は2万円しますが、静岡・愛知・岐阜・福井・石川　富山・新潟・長野・山梨の1205病院の情報がわかります。東京の病院を知りたいときは『関東病院情報　2017年版』が参考になります。

表８　2016年の日本の図書館のレファレンス受付件数上位10館と来館者数

	図書館名	レファレンス受付件数（件）	来館者数（人）
1	大阪市立中央図書館	215,511	1,423,755
2	鹿児島市立図書館	170,971	642,432
3	札幌市中央図書館	109,510	427,592
4	広島市立中央図書館	99,768	442,788
5	岡山県立図書館	82,537	1,044,298
6	大阪府立中央図書館	81,940	545,570
7	横浜市中央図書館	77,439	1,062,875
8	浦安市立図書館	67,857	425,536
9	福岡市総合図書館	67,307	1,634,359
10	東京都北区立中央図書館	66,021	827,867
	合計	1,038,861	8,477,072

出典：日本図書館協会『日本の図書館　統計と名簿　2017』より作成

このような質問と回答は「レファレンスサービス」「参考調査」「参考業務」「相談」「？」という表示を図書館で付けて行っており、無料で利用できます。ではどれだけ図書館で行っているのか。表８は２０１６年の日本の図書館のレファレンス受付件数上位10館と来館者数を整理したもので、みなさんが行ったことがある図書館があるかもしれません。一番多く受け付けた図書館は大阪市立中央図書館の21万５５１１件、10位は東京にある北区立中央図書館の６万６０２１件、１位から10位までの件数の差がかなりあります。受付件数が多いか少ないかそれぞれ思うことはあるでしょう。みなさんの中でレファレンスサービスを利用したことがないのであればぜひ、使ってみましょう。図９は東京都立中央図書館のロッカーに貼ってあるレファレンス事例で、他のロッカーには違うものが貼ってあります。それくらい気軽に尋ねていいものです。仕事をしていると現状把握をするために統計などが必要に

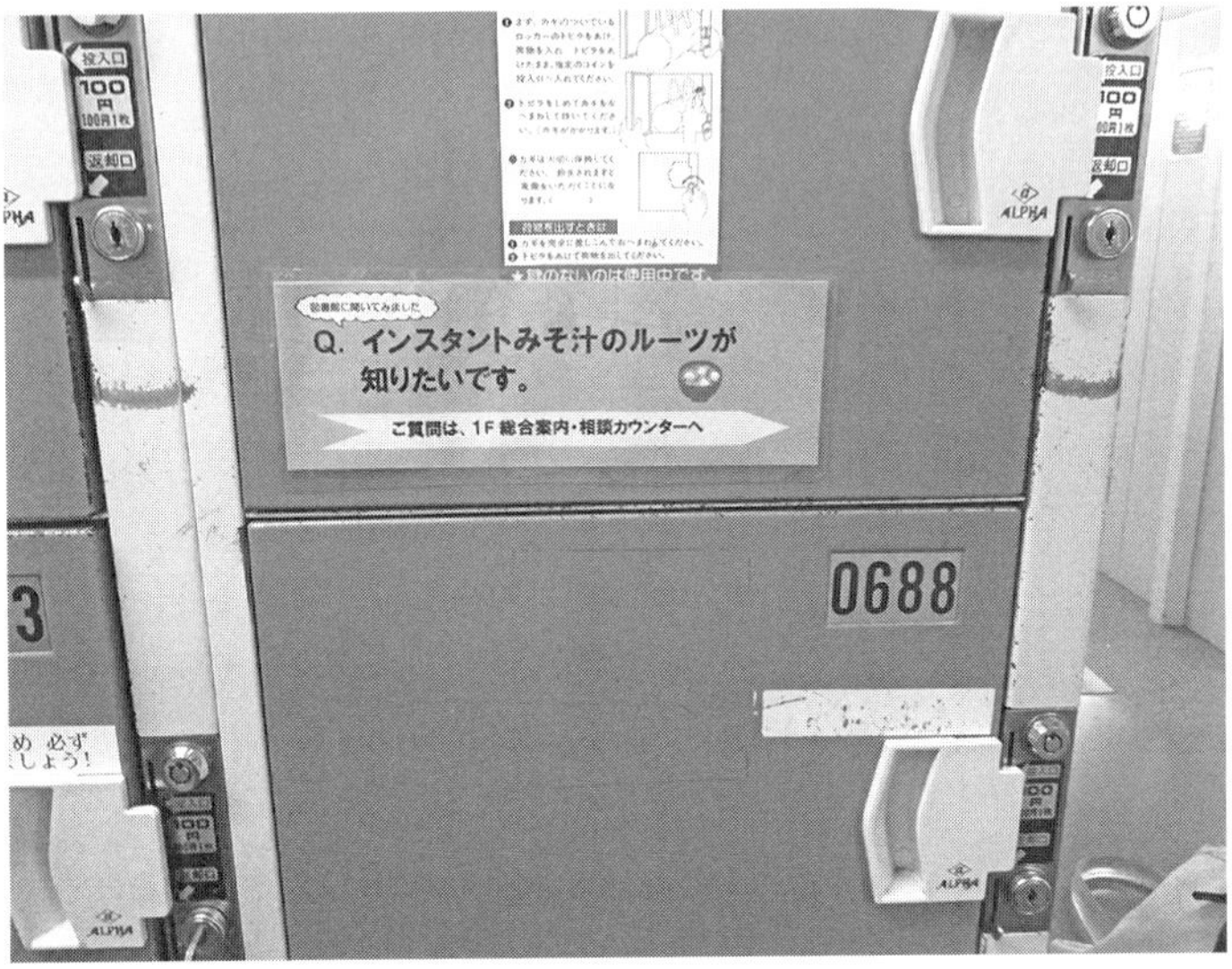

図９　東京都立中央図書館のロッカー

なり、その都度、調査していては時間とお金がかかってもったいないです。すでに行っているものや類似したものはあるので参考にした方がいいです。Googleで検索してわかるレベルでいいものや特定のサイトからダウンロードするもの、調査会社が発行している冊子レベルいろいろあります。自分で調べる余裕がない、どうやって調べたらいいのかわからない場合、図書館に聞いてみましょう。図書館に直接行かなくても電話やメールで対応してくれる図書館も最近は増えてきています。もちろん仕事のことではなくて「日本人が葬儀にかける費用はいくらか」というのもすぐわかります。なお、図書館に聞いたときにいつまでに回答が欲しいのか伝えるといいと思います。場合によってはすぐに回答ができなくて1日かかることもあれば1週間後になることもあるのです。

13 缶コーヒー、ペットボトルのコーヒーそれともカフェのコーヒー？

私はかれこれ7年くらい缶コーヒーを買っていません。買った記憶があるのは缶コーヒー「BOSS　レインボーマウンテンブレンド」に、ロータスの車がおまけとしてついていたときで2011年のことだったと思います。当時F1に参戦していたロータス・ルノーGPの車や昔走っていた車があって欲しかったので缶コーヒーを買いました。私が初めて缶コーヒーを飲んだのは小学生のときで、父親がBOSSのCMを見て「ボスジャン欲しいなぁ」と言って缶コーヒーをたくさん買い、私もなぜか飲むことになっていました。しかし、大学生になると大学の近くにカフェがたくさんあって初めて飲んだときに「甘くないコーヒーはおいしい」と思って缶コーヒーを飲むのをやめてカフェでコーヒーを飲むようになりました。今は閉店してないのですがバオバブカフェは豆の種類がたくさんあって焙煎する前と後の違いとかいろいろ知ることができました。

5年間いた篠崎図書館は複合施設で1階と2階にスーパーがあり、3階には伝統工芸カフェ・アルティザンがあるため、ほぼ毎日の割合でアルティザンでコーヒーを買って飲んでいました。施設の責任者がみんなに向かって「カフェの売り上げに貢献するように」と言うので「少しはね」というのと従業員割引で一般の価格より少し安かったのです。あわせて、カフェなのでコーヒー豆もそれなりのものでブラックで飲んでもおいしかったです。もちろん、カフェで飲むわけにはいかないのでテイクアウトにして事務室で飲んでいました（図10）。私はコーヒーに砂糖、ミルク、ガムシロップを使いません。最初に一口飲んでブラックで飲みきれない場合はミルクを入れます。

大学のときの友達と会うとコーヒーの話が出ます。会社員ですと職場に自動販売機があるようでたばこを吸うときに買って飲んでいるようです。そこでの会話や聞こえてくる話が仕事を進めるうえで必要だったり、おもしろいようです。図書館にはたばこを吸う場所はありませんし、自動販売機はありません。缶コーヒーのＣＭにあるような場面やたばこ部屋のような会話は図書館ではないのです。今ではコンビニに行くとペットボトルに入ったコーヒーが売っています。あれが自動販売機でも販売されることになれば缶コーヒー派とペットボトルコーヒー派でたばこの相手も変わってくるのか気になります。

図10　伝統工芸カフェ・アルティザンのコーヒー

ちなみに、姫野友美著『成功する人は缶コーヒーを飲まない』や牧田善二著『医者が教える食事術最強の教科書』を手に取ると缶コーヒーに含まれる砂糖が血糖値を急激に上げるので良くないことが書かれており、健康を考えると缶コーヒーを毎日飲むのは良くないのかもしれません。さりとて、カフェのコーヒーを毎日買って飲むとなると缶コーヒーの倍の値段になるのでお財布がちょっと厳しくなるかもしれません。

14 体調不良で仕事を休まない方法

私は大学を卒業して社会人になってから風邪で仕事を休んだことはありません。インフルエンザも無縁です。図書館で働いていると咳き込みながら仕事をしていたり、風邪で休む職員がわりといて、少し気になったことがあります。当日欠勤をする職員もある程度固定でいました。私が思うのはサービス業などのシフト勤務は体調不良になる確率が高くなるのではないかと。始業は9時で17時に終業で土日祝日は休日という会社員は、残業などもあるとは思いますが体内時計が狂うことは少ないと思います。図書館は24時間営業のコンビニエンスストアまでとはいきませんがある種のサービス業です。

表9は1日の営業時間が13時間以上の図書館をまとめたものです。日本国内の町なかの図書館で大山町立図書館大山分館、大山町立図書館名和分館が1日最も長く13時間30分営業し、その上珍しく8時30分から開いています。表10は1日の営業時間を区分ごとに整理したもので、1日8時間から8時間59分まで営業している図書館が1282館あり約40%になりました。次に多かったのは1

表９　１日の営業時間が13時間以上の図書館

No.	市町村名	図書館名	開館時刻	閉館時刻	営業時間（時間）	年間開館日数（日）
1	大山町	大山町立図書館大山分館	8：30	22：00	13：30	340
2	大山町	大山町立図書館名和分館	8：30	22：00	13：30	340
3	葛飾区	葛飾区立立石図書館	9：00	22：00	13：00	349
4	葛飾区	葛飾区立中央図書館	9：00	22：00	13：00	349
5	蕨市	蕨市立図書館北町分館	9：00	22：00	13：00	88
6	蕨市	蕨市立図書館塚越分館	9：00	22：00	13：00	346
7	蕨市	蕨市立図書館錦町分館	9：00	22：00	13：00	346
8	府中市	府中市立中央図書館	9：00	22：00	13：00	321
9	西条市	西条市立西条図書館	9：00	22：00	13：00	342

出典：日本図書館協会『日本の図書館　統計と名簿　2017』より作成

日９時間から９時間59分まで営業している図書館が７８６館あり24％になりました。たいてい開館時刻15分～30分前に職員は出勤して準備をします。同様に閉館時刻後に鍵を閉めるなどの作業を15分で行っています。営業時間が長くなれば長くなるほどシフトは早番、中番、遅番の３交代制になりやすいです。遅番を積極的に希望して入る人は少ない傾向があるので館内で上手に回ってくるようにして、特定の人物が早番

表10　１日の営業時間の区分

営業時間（時間）	図書館数（館）	割合（％）
13：00～13：59	9	0.3
12：00～12：59	86	2.6
11：00～11：59	222	6.8
10：00～10：59	554	16.9
9：00～9：59	786	24.0
8：00～8：59	1,280	39.1
7：00～7：59	302	9.2
6：00～6：59	3	0.1
4：00～4：59	25	0.8
3：00～3：59	6	0.2
2：00～2：59	3	0.1
合計	3,276	100.0

出典：日本図書館協会『日本の図書館　統計と名簿　2017』より作成

固定というのは基本ありません。私が在籍した篠崎図書館では早番は8時30分から17時まで、中番は10時30分から19時まで、遅番は13時15分から21時45分までそれぞれ休憩は1時間としています。遅番の翌日が早番になるときは思ったより疲れます。コンビニエンスストアの従業員や看護師、警備員などは図書館と違って夜勤というものがあります。ご飯を食べるタイミング、太陽が出ているのに寝るというのは体調を崩しやすいかもしれません。

私が体調不良にならないように継続しているのは4つしかありません。手洗い、うがい、マスク着用、ガムを噛むことです。手洗いは石鹸でちゃんと洗います。ご飯を食べる前、外から家に入ったとき、何か作業をして一区切りついたときに小まめに洗います。パソコンのキーボードやタブレットが汚れるのが嫌です。うがいは2つあります。ひとつは外出を終えて部屋や家に入った直後で、手洗いとセットです。もうひとつは朝起きた直後です。起きてすぐうがいをして口をゆすぎます。マスクは風邪の季節になったときに予防として着用し、電車に乗っているとくしゃみや咳き込んでいる人がいるので、うつされないようにしないといけません。最後のガムは仕事がある日は休憩時間、家にいるときは噛み、唾液を出して口の中の乾燥を防ぎます。外出しているときはガムを噛みません。ガムを噛みながら歩いているのは見た目がよくないからです。

とは言うものの「そろそろ調子が悪くなりそう」と思うときがあります。その場合はクリニックに行って高濃度ビタミンC点滴と血液クレンジングを行っています（図11）。高濃度ビタミンC点滴は血中のビタミンC濃度を一気にあげて全身の疲労回復、免疫力アップがあると言われており、

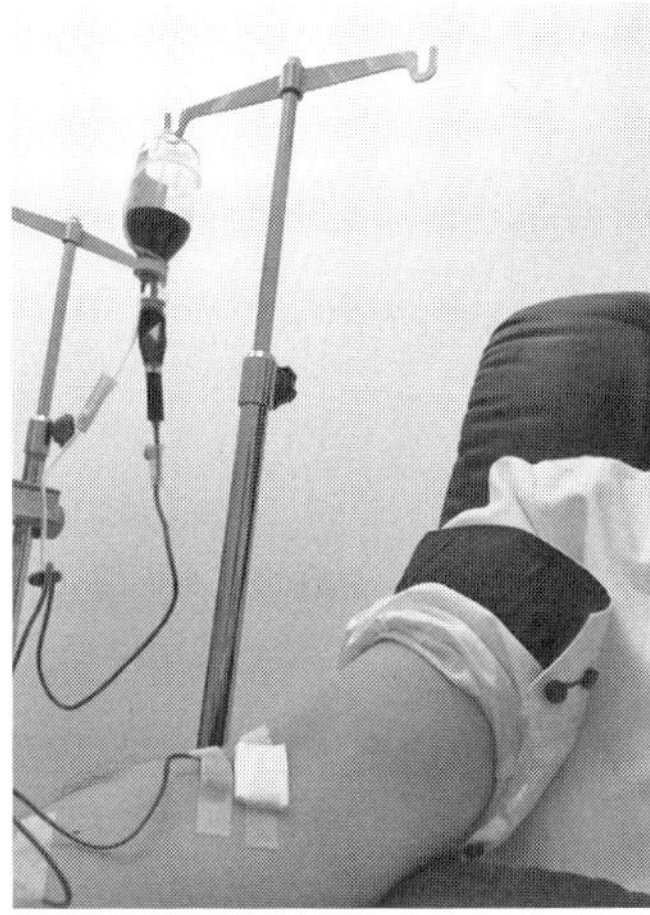

図11　血液クレンジング

女性誌ではアンチエイジングなどの美容効果があると紹介されたりしています。血液クレンジングは約１３０㎖の血液を新品の専用ボトルに採取します。初めて見たときは採取した血液が少し黒っぽくて驚きました。次に医療用オゾンを注射器のようなものを使って専用ボトルの中に入れます。スタッフがボトルを上下に動かしたりして血液とオゾンが反応するようにし、黒っぽい血液が徐々に鮮やかな赤に変わっていきます。最後にその血液をそのまま自分の体内に戻します。これでだいぶ回復して風邪で仕事を休むということはありません。ただ、注射が苦手な方はクリニックで使っている針が太いので難しいかもしれません。刺すときと抜くときにチクッとします。

「高濃度ビタミンC点滴と血液クレンジングをするのはお金がかかる」という場合は睡眠しかありません。風邪をひくときは免疫力が落ちているときなので睡眠によって戻すのが手っ取り早く基本で、寝られるときには寝た方がいいです。

15 正規雇用と非正規雇用

雇用形態の在り方について、特に正規雇用と非正規雇用（臨時社員、派遣社員、契約社員、パートタイマー、アルバイト等）は、日々の生活に密接にかかわるためよくテレビや新聞で話題になります。２００７年には篠原涼子さん主演の「ハケンの品格」というドラマが放送され、２００８年9月15日から始まったリーマン・ショックで雇用環境が一時期悪くなりました。

図12は総務省統計局の労働力調査長期時系列データを基に２００２年から２０１７年までの正規雇用と非正規雇用の割合を示したものです。２００２年では非正規雇用の割合は29・４％だったのが２００７年には非正規雇用の割合が33・５％になり、２０１４年以降は37％以上になっており、上昇しています。なお、２０１１年は東日本大震災があった年です。図13は、総務省統計局の労働力調査長期時系列データ（年齢階級（５歳階級）別就業者数及び年齢階級（５歳階級）、雇用形態別雇用者数）を基に２０１７年の年齢区分別の正規雇用・非正規雇用の割合を作成したものです。20歳から44歳までの正規雇用の割合は70％台を示しています。若者たちの正規雇用の割合が高いことはいいことです。

一方で45歳から59歳までの正規雇用の割合が60％台になっています。考えられるのは親の介護、自身の病気により、フルタイムで働きたくても働けないことや人員整理や転職などで非正規雇用に

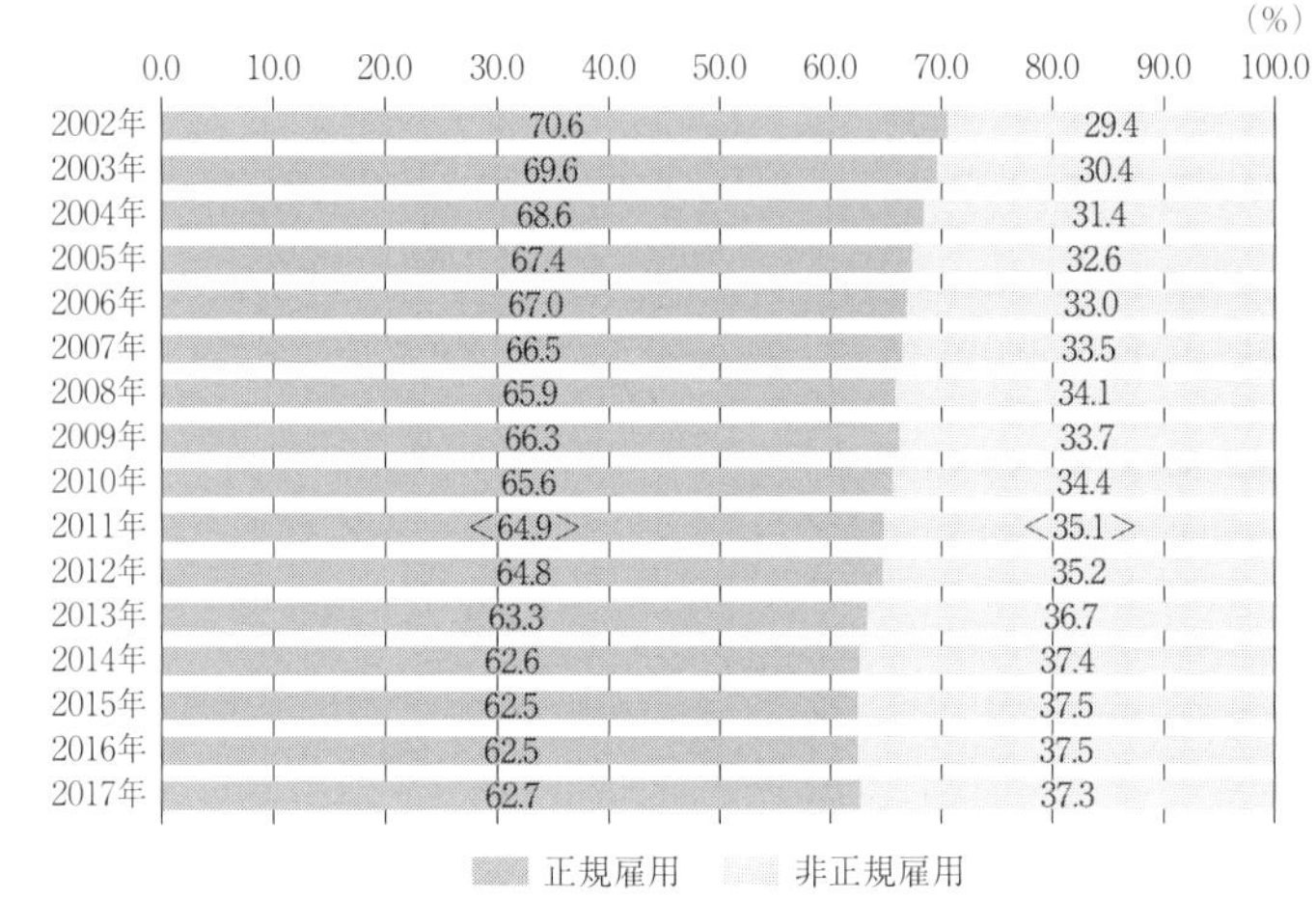

図12　年別　正規雇用・非正規雇用割合

出典：総務省統計局の労働力調査長期時系列データより作成

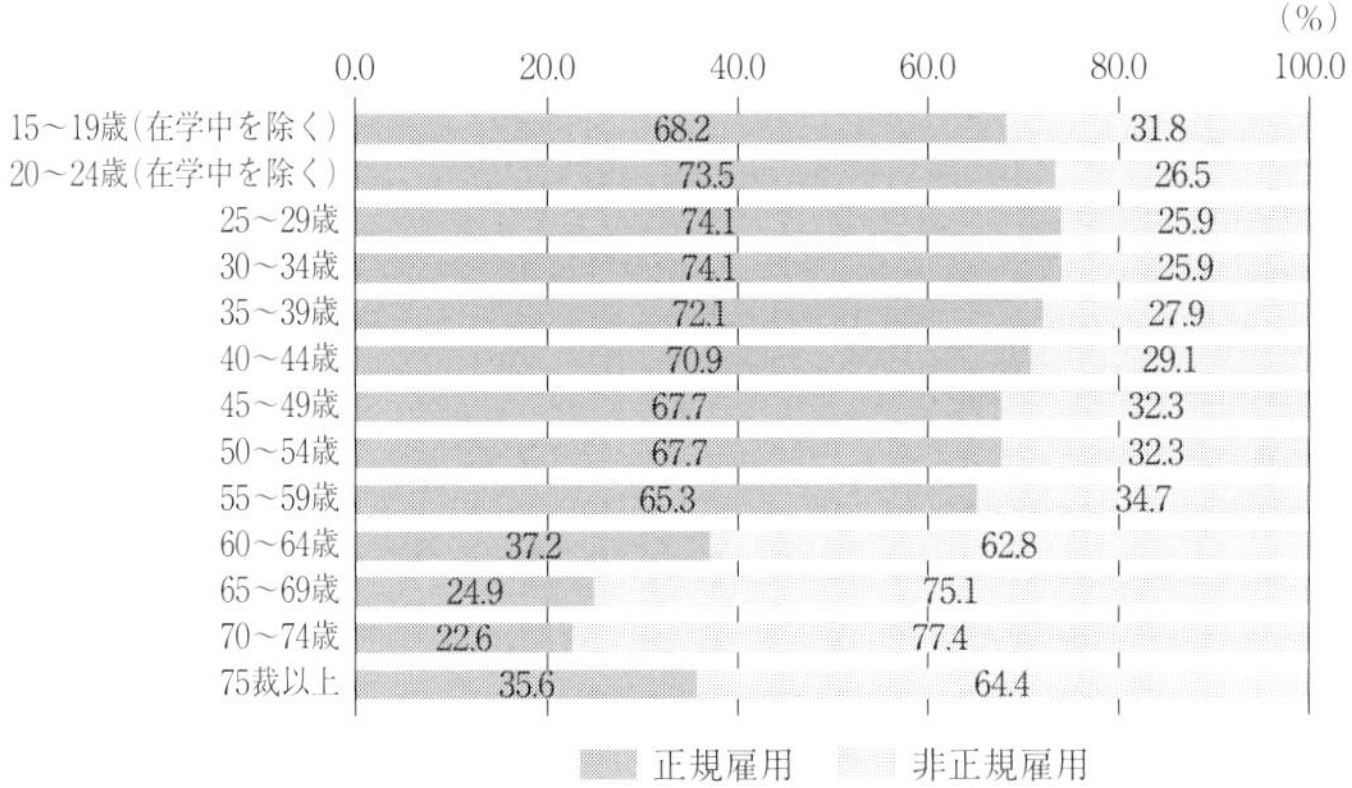

図13　平成29年度年齢区分別正規雇用・非正規雇用割合

出典：総務省統計局の労働力調査長期時系列データより作成

なったことが考えられます。総務省統計局が公表した平成29年就業構造基調査によると、過去1年間に「介護・看護のため」に前職を離職した方は9万9000人で、内訳は男性が2万4000人、女性が7万5000人になり、女性が多いです。「はじめに」でも少し書きましたが彼らが15年後の2033年になったときにはますます厳しい状況になる方がいることは想像できます。

視点をガラッと変えると非正規雇用の方が子育てや介護と両立しやすい、自由な時間が多いからというのもあるでしょう。舞台俳優や歌手を目指す場合、正規雇用・非正規雇用という枠組みで捉えるのは無理があります。年末になるとプロ野球選手の契約更改の様子が報じられ、契約金額が上がった下がったと話題になりますが、選手たちは契約社員です。高校卒業でプロに入っても成績が残せなければ今は3年で戦力外通告を受けることもあり、毎年年末にTBS系列で放送されている「プロ野球戦力外通告クビを宣告された男達」は戦力外通告を受けた選手の中から数人に密着したドキュメンタリー番組で、プロの現実の一部を知ることができます。

職業によって多様な働き方があります。正規雇用・非正規雇用の話は広く考えた方がいいと思います。しかしながら、これから労働力不足はますます加速するので、事情があって非正規雇用だったのが、ひと段落して落ち着いてバリバリ仕事ができるようになったら正規雇用になれる仕組みを期待します。

図書館の業界ではさまざまな雇用形態で図書館に働いている方がいます。表11は司書資格を持っている方がどれだけ図書館で働いているのか雇用形態別に整理したもので、図書館は司書資格を持

表11　労働状況別司書資格状況

人数（人）	専任司書数		非常勤司書数		臨時司書数		委託・派遣司書数	
	館数（館）	割合（%）	館数（館）	割合（%）	館数（館）	割合（%）	館数（館）	割合（%）
50以上	3	0.1	3	0.1	0	0.0	2	0.1
40～49	3	0.1	2	0.1	0	0.0	7	0.2
30～39	2	0.1	7	0.2	2	0.1	12	0.4
20～29	18	0.6	28	0.9	2	0.1	33	1.0
10～19	78	2.4	121	3.7	43	1.3	214	6.5
9	20	0.6	25	0.8	8	0.2	36	1.1
8	23	0.7	40	1.2	13	0.4	46	1.4
7	41	1.3	43	1.3	19	0.6	59	1.8
6	52	1.6	63	1.9	37	1.1	52	1.6
5	71	2.2	70	2.1	41	1.3	72	2.2
4	121	3.7	136	4.2	70	2.1	74	2.3
3	149	4.5	166	5.1	90	2.7	69	2.1
2	343	10.5	293	8.9	184	5.6	78	2.4
1	556	17.0	343	10.5	389	11.9	87	2.7
0	1,796	54.8	1,936	59.1	2,378	72.6	2,435	74.3
合計	3,276	100.0	3,276	100.0	3,276	100.0	3,276	100.0

出典：日本図書館協会『日本の図書館　統計と名簿　2017』より作成

った職員だけで構成されているのではなく、資格がなくても庶務を担当する職員はいます。まず、専任司書数というのは司書資格を持って公務員として専任で働いているということです。1つの図書館に司書資格保有者公務員が50人以上いるのは日本で3館しかありません。それは横浜市中央図書館（70人）、東京都立中央図書館（66人）、大阪市立中央図書館（63人）です。公務員で司書資格を持っている専任職員がいない図書館は1796館あり、54・8%になります。非常勤司書数、臨時司書数というのは自治体が正規雇用ではなく非常勤、臨時職員を募集してそれぞれ司書資格を持って図書館で働いているということです。図書館の大小、自治体の財政状況によって、公務

9　**業務内容**

・　各閲覧室受付業務　　　　・　資料の受入、整理、配架、補修、製本業務
・　複写サービス業務　　　　・　その他司書補助業務

10　**勤務条件（概要）**

非常勤司書

報酬等	月額１２１，３００円から１５５，６００円まで（平成30年度見込額） （高校卒業後から雇用時までの経過年数による。） ほかに通勤手当相当額支給。また勤務期間に応じて加給が支給されます。
社会保険等	健康保険・厚生年金保険・雇用保険は原則加入します。
休暇	勤務期間に応じて年次有給休暇等が取得できます。
勤務場所 （所在地・名称） 及び交通機関	神奈川県立図書館（横浜市西区紅葉ケ丘９－２） ＪＲ・市営地下鉄　桜木町駅より徒歩１０分 京浜急行　　　　　日ノ出町駅より徒歩１３分 みなとみらい線　　みなとみらい駅より徒歩２０分
勤務時間及び 勤務日数等	４週ごとに１週当たり２９時間　１日７時間４５分勤務週４日 うち４週に１日は７時間３０分　、４週に１日は週３日 勤務日及び勤務時間の割振りは別に定める。 （始業終業の時刻） ア　8時30分～17時15分（休憩　12時00分～13時00分） イ　8時30分～17時00分（休憩　12時00分～13時00分） ウ　10時30分～19時15分（休憩　12時00分～13時00分） （受付業務等の場合、休憩時間が異なることがあります） （勤務を割振らない日） 月曜日（ただし、祝日の場合を除く）・年末年始(12/29～1/3)
雇用期間	平成３０年４月１日から平成３１年３月３１日まで（平成３０年度） ただし、選考(面接)を経て４回を限度に、改めて雇用される場合があります。

図14　平成30年度　神奈川県立図書館　非常勤職員募集案内

８　**勤務条件**

（１）**勤務先**

八王子市内図書館（面接時に勤務が可能な図書館をお伺いします。）

中央図書館　　〒193-0835　八王子市千人町三丁目 3-6
生涯学習センター図書館　〒192-0082　八王子市東町 5-6　クリエイトホール 2・3 階
南大沢図書館　〒192-0364　八王子市南大沢 2-27
フレスコ南大沢地下１階
川口図書館　〒193-0801　八王子市川口町 3838　川口やまゆり館内

（２）**賃金**

時給　９５８円　　交通費加算

（３）**勤務内容・時間**

図書館業務補助（窓口での図書等貸出・返却業務、図書等の整理・運搬業務等）
週３日以内（土・日、祝日を中心として、午前８時３０分から午後７時までの間６時間以内。早番、遅番あり、土・日・祝日のみの勤務も可能です。）

図15　八王子市図書館　図書館臨時職員募集要項

員のみで図書館を運営できれば非常勤司書数や臨時司書数の割合は減りますが、実際すべてを公務員で行うのは難しいため数名募集して配置しています。一例として、図14は平成30年度神奈川県立図書館非常勤職員募集案内の一部を、図15は八王子市図書館の図書館臨時職員募集要項の一部を示したものです。非常勤司書を配置しているところでは2人いる図書館が293館あり全体の8・9%で最も多い割合になっています。臨時司書を配置しているところでは1人が389館あり全体の11・9%で最も多くなっています。委託・派遣司書というのは、自治体によっては図書館の窓口業務を民間事業者などに一部委託したり、図書館全部の運営を民間に指定管理者として管理運営を任せている館があり、そこで司書資格を持って働いている人を示したものです。司書資格を持った職員が10人から19人いる図書館が214館あり6・5%になり、司書資格を持っている中では割合が最も高いです。委託・派遣司書が専任司書数、非常勤司書数、臨時司書数より司書資格を持っている図書館が多い理由は自治体が業務要求水準書で民間事業者に「司書資格保有率50%以上」「営業時間は原則常時2名以上司書資格保有者をカウンターに配置すること」と要求していることが自治体によってはあるからです。

　全体的な話として、司書資格を持った職員が一人もいない図書館が多いのは課題で、この状況が続くようでは、図書館業界で司書の専門性と言っても身内だけの話になり、図書館司書の社会的認知は厳しいでしょう。

第2章

日本の歴史や伝統文化

1　芸能人格付けチェックで1億円の盆栽を見分ける方法

私は毎年正月に朝日放送（ABC）の制作で、テレビ朝日系列において放送している「芸能人格付けチェック」を見ています。いつも楽しみにしていますが、実際に視聴者はどれが高いワインなのか、高級肉なのかを見分けることはできません。視聴者も一緒に考えることができる問題は少ないのが残念です。視聴者も参加できるひとつに盆栽があります。盆栽作家の小林國雄さんによる1億円の盆栽と1億円の盆栽をもとにお菓子で作られた盆栽が並べられて、1億円の盆栽を当てるものです。2018年の放送を見たときに浜田さんがGACKTさんに「盆栽一番嫌がっていたんじゃないんですか？」と。「一番嫌いですね」とGACKTさん言ってましたがサングラス取ってじっと見つめて1億円の盆栽を当てました。私は2016年まではどちらが本物かわからなかったのですが2017年からは当てています。

2018年の放送を見たときにお菓子の盆栽の方は「千葉県船橋市　菓匠白妙」とテロップがあり、船橋にあることがわかりました。盆栽作家の小林國雄さん紹介のときには「春花園BONSAI美術館」と表示があり、美術館の映像が少しだけ流れましたが、場所が表示されていなかったです。さて、「春花園BONSAI美術館」はどこにあるでしょうか。東京都江戸川区（東京都江戸川区新堀1-29-16）にあります。恥ずかしながら私は2013年から江戸川区の図書館で働いていながらこの美術館が江戸川区にあるのは２０１６年のときに知りました。あるとき館員と盆栽の話をしていて、「江戸川区に春花園ＢＯＮＳＡＩ美術館あるんですよ」と教えてもらって小林國雄さんの講演会を図書館で行ったらたくさん人が押し寄せるのではと思ったことがあります。２０１６年の４月に小林さんにダメもとで依頼をしてみようとなり、事前に電話でお話をして5月13日に館員が春花園ＢＯＮＳＡＩ美術館に行きご快諾いただきました。9月17日に「巨匠に聞く盆栽の魅力講座」と題して小林國雄さんをお招きし篠崎図書館で行いました。

講演会の数週間前に打ち合わせをしている館員が私に「小林さんが盆栽を持ってきてくれて実際に剪定について刃の入れ方など話をしてくれるようです。そのときにチェーンソーで切ることもあるようなんですが」と。私は「チェーンソーはもしものことがあって参加者が怪我したら新聞やテレビが篠崎図書館に殺到するからそれはやんわり断ってください」とお願いしました。当日はもちろんチェーンソーは登場しませんでした。図16は小林さんが講演会のために持参してくれた盆栽です。講演会の中で盆栽の基準は個性、調和、品位であると。盆栽の正面の決め方は根張り、立上り、枝順。園芸は花、葉、実な

図16　講演会で小林さんが持参した盆栽

どの植物美に対して盆栽は生命の尊厳であると。

1億円の盆栽とお菓子の盆栽を見分けるコツは、春花園BONSAI美術館に行って小林國雄さんの作品を実際に観ることだと思います。盆栽というと私はおじいさんの趣味だと今まで思っていましたがひとつの芸術作品であり、プロの作品は違います。「そうは言っても東京になかなか行くことない」と地方にお住まいの方は、小林國雄著『盆栽芸術―天―小林國雄の世界』（美術年鑑社、2008）を図書館や書店で手に取ってください。この本ではたくさんの作品がカラー写真で紹介されていて、盆栽イコールお年寄りという図式はなくなるでしょう。1億円の盆栽がすぐわかるようになると思います。2018年放送の1億円の盆栽は序之舞というもので花梨がついていました。花梨がついた盆栽はこの本にもいろいろ掲載されています。

盆栽は1964年の東京オリンピックと1970年の大阪万博で多くの外国人に見られ、海外では盆栽は「Bonsai」として知られ、特にヨーロッパでは人気です。財務省の「貿易統計」によると、植木・盆栽等の輸出額が2006年は23億円だったのが、2016年には80億円まで増加しています。盆栽の歴史は古く平安時代に中国から入り、江戸時代に流行り、日本の文化のひとつです。これからも海外から盆栽を目的に日本に訪れる方はいます。仕事で海外から日本に来る方もいるでしょう。対面したときの雑談で盆栽のことが出るかもしれません。そのときに私たちがうまく話せずもごもごしてはもったいないと思います。趣味までのレベルに行かなくても少し会話ができるくらいの知識があった方がいいです。

2　大相撲横綱暴行事件から「女性の方は土俵から下りてください」まで

私は大相撲のことは生中継もしくは情報番組のスポーツコーナーでその日に盛り上がった取り組みだけ抜粋されて数分間放送されている方が望ましいと思います。情報番組や日中のワイドショーで長々と土俵以外のことが取り上げられるのは相撲そのものにとってよくないことだと思います。当然のことながら不祥事が起こることがよくないです。その不祥事を特に進展がないのに毎日報じるのはテレビ局側で視聴率稼ぎを狙っているのではないか、と私はうがった見方をしてしまいます。取り組み以外にワイドショーで長々と報じられたものとして私が記憶にあるのは4つ、「朝青龍サッカー騒動」「時津風部屋傷害致死事件」「大麻所持」「野球賭博と八百長疑惑」と続いて2017年の「日馬富士暴行事件」です。

「朝青龍サッカー騒動」と「時津風部屋傷害致死事件」は私がすでに図書館で働いているときで、図書館はシフト勤務であるため、平日が休みになることがあります。当時放送されていたTBS系列の「ピンポン！」を見ていたときに移動式の黒板のような回転できるボードを使って大きく取り上げて報じていたのを覚えており、特に朝青龍関がサッカーをやっている映像を繰り返し何度も再生しているのは記憶に残っています。

2017年の秋から騒動のひとつになった「日馬富士暴行事件」もこれまでと同様に連日、多くの時間を使って似たようなことを何度も報じています。貴乃花親方の座り方に対して「態度がデカイ」やマフラーの巻き方について取り上げる必要はないのに話題にするのはマスコミの取材が思うように進まないからなのかと思ってしまいます。

「日馬富士暴行事件」については、私だったらお酒を飲んでいるときの説教はお酒がまずくなるだけで嫌です。私はやったことありません。ましてや暴行となるとその場で警察に通報するか救急車を呼ぶと思います。今回の報道を見ていると貴ノ岩関の発言や態度に落ち度があったかのように思うものがあり、それはおかしいと思います。暴行は犯罪で、殴った加害者が明らかに悪く、上下関係があるとますますたちが悪い。もし、貴ノ岩関が付け人や後輩に暴行することが今後あったとしたら、暴力の連鎖が相撲界にあるのかもしれません。「日馬富士暴行事件」を報じているときに春日野部屋に所属していた元力士が弟弟子の顔を殴って傷害罪で起訴され、２０１６年６月に懲役３年、執行猶予４年の有罪判決が確定していたことが今年になって公になりました。「時津風部屋傷害致死事件」のことを知らない力士が多いのでしょうか。２０１８年3月18日には貴乃花親方の弟子である十両貴公俊関が付け人に暴行したことが報じられ、今回のように一連のゴタゴタがありますと、相撲部屋に入る若者はどんどん減っていくでしょう。２０１８年の名古屋場所では入門志願者はいなかったため、新弟子検査を行いませんでした。これは２００７年名古屋場所以来2度目です。毎年、名古屋場所は少ない傾向があるのですが、受験者ゼロは不祥事が影響していると考えます。

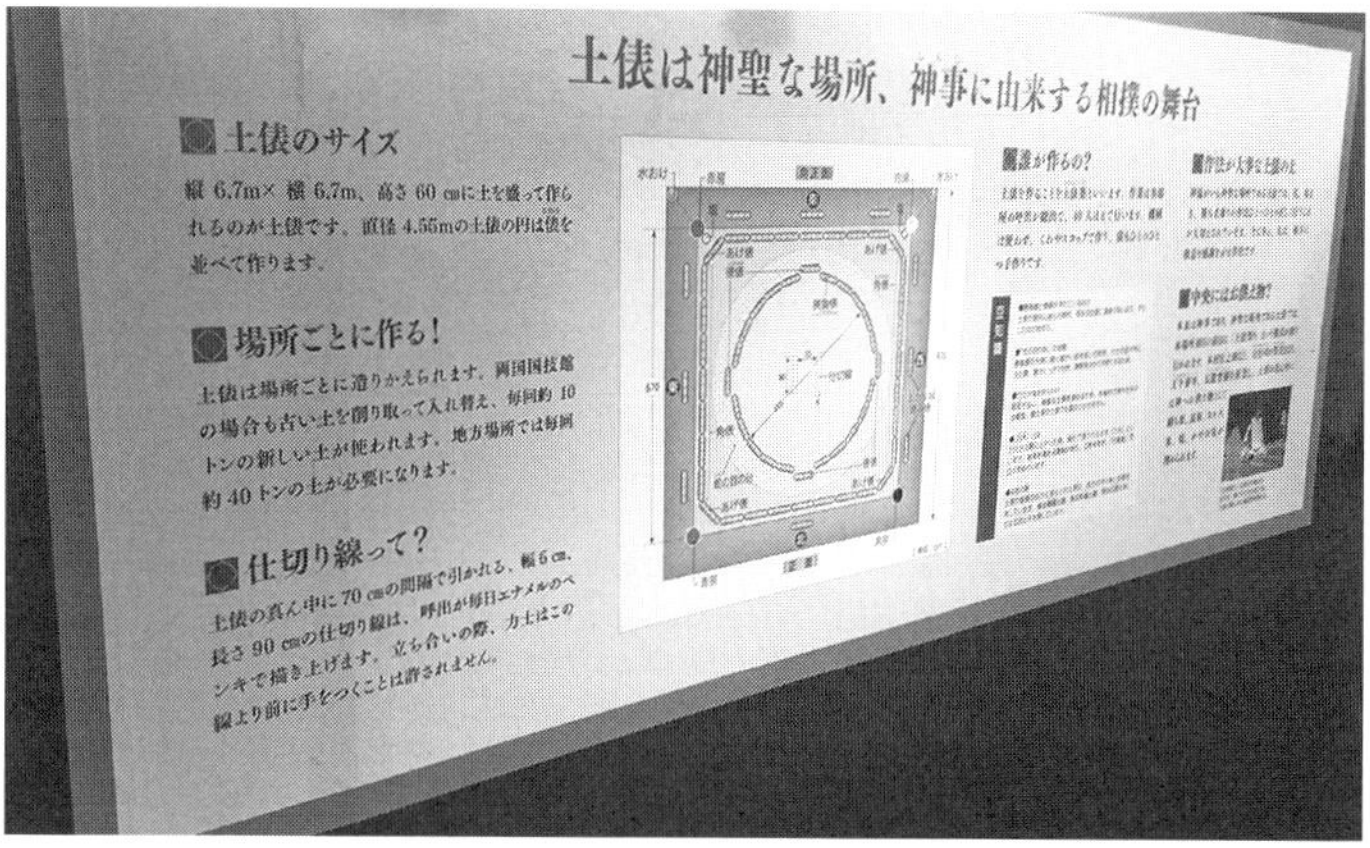

図17　第35回企画展示えどがわ大相撲展　展示一部

２０１８年４月４日、京都舞鶴市での大相撲春巡業で市長が土俵上で倒れ、応急処置をするために女性が土俵にあがって心臓マッサージをしていたら「女性の方は土俵から下りてください」「女性は土俵から下りてください。男性にお任せください」というアナウンスがありました。このことと救命行動後に大量の塩がまかれていたことが合わせてテレビや新聞で何度も取り上げられ、海外メディアも取り上げていました。緊急事態にもかかわらず女人禁制を固持したことが差別反映であると。私はあのアナウンスは残念だったと思います。普段のときと緊急事態では対応が違ってもいいと思うのと同時にある展示のパネルの一部を思い出しました（図17）。「土俵は神聖な場所、神事に由来する相撲の舞台」という見出しです。このパネルを見ると力士が塩をまくわけが書いてあります。「邪気を払い、神聖な土俵を清めるため。本場所で使われるのは粗塩。稽古場の土俵でも塩は欠かせません」と。

篠崎図書館がある3階には２０１７年9月9日から２０１８年1月28日まで「第35回企画展示えどがわ大相撲展」が行われていました。「なぜ、江戸川区で相撲なのか」と思うかもしれません。２０１７年1月に第72代横綱になった稀勢の里関と同年5月に大関に昇進した高安関が所属する田子ノ浦部屋が江戸川区の小岩にあります（小岩駅から徒歩10分）。さらに江戸川区には、第67代横綱・武蔵丸が武蔵川師匠として率いる武蔵川部屋があります（新小岩駅徒歩10分）。この「えどがわ大相撲展」は普段は見ることのできない貴重な道具の展示や映像を流すだけではなく、番付の見方の紹介パネル、土俵の解説、田子ノ浦部屋の紹介、武蔵川部屋など相撲を知らない方でも一周すれば相撲が好きになる展示でした。

２０１７年10月17日には伊勢ノ海部屋の協力により篠崎図書館前の広場で「ちびっ子相撲大会」が行われました。最初に計画を聞いたときは、新聞を読んでいるお客さんの紙面をめくる音で「あの人がうるさい」と職員に言うくらいだから図書館の前の広場でとなると図書館の中にいるお客さんから「外がうるさい」と苦情のひとつくらいあるのではと心配をしていました。実際、大人子ども合わせて２００人程度いてにぎやかでしたが「うるさい」という苦情はありませんでした。それだけ今は相撲は身近なもので人気があると感じました。

しかしながら、土俵で行われる取り組み以外の不祥事が話題になるようでは相撲に対する印象は悪くなるばかりで入門する方は減り、力士が減っていき先行きが不透明になるでしょう。公益財団法人日本相撲協会として時代が変わっても残していくもの、変えていくものを順次判断していけば相撲は日本の伝統文化として残り続けると思います。残って欲しいです。

私が察するに理事長を含めた執行部は、現役力士たちと世間一般とのギャップに今、苦心しているると思います。執行部の方も元力士で先輩から受け継いだものがあります。そう簡単にころころ変えるのはどうなんだろうと思うのはわかります。ゴタゴタは減って少しずついい方向に行ってほしいです。

3　将棋由来の言葉

2018年2月17日、みなさんは平昌五輪のフィギュアスケート男子と将棋のどちらが気になっていたでしょうか。私は将棋でした。中学生棋士の藤井聡太さんが朝日杯将棋オープン戦の準決勝で羽生善治竜王、決勝で広瀬章人八段に勝ち、優勝して六段昇段となりました。2017年から藤井聡太さん連勝に伴い将棋に対する注目が集まりました。日本将棋は古代インドのボードゲームの一種であるチャトランガが起源と伝えられ、それは西はチェスに、東は中国将棋や日本将棋に姿を変え、広まったといわれています。8×12の升目の盤で駒数48個のチェスは、13世紀から15世紀までヨーロッパで流行しました。9×9の升目の盤で40枚の駒を使い、相手から取った駒を再使用できるのは日本将棋だけです。将棋が日本へいつごろ伝わって遊ばれ始めたのかということは、奈良時代説、平安時代説など諸説があります。将棋は囲碁と同様に将棋由来の言葉がいろいろあり、みなさんはいくつ思いつくでしょうか。私は4つ浮かびます。

序盤：一続きの物事の最初の段階
本来は、将棋における対局の最初の段階を指します。対局においては、先手が一手目を指してから、作戦が決まり玉を囲い合うくらいまでを言います。物事の初期の状況を表わすことから、サッカーや野球など、スポーツの試合などによく当てはめて用いられます。

先手を打つ：将棋で、先に打ちはじめること
相手より先にしかけて優位に立つ。また、優位になるような手を先に打つこと。「先手を取る」ともいます。転じて今後起こるべき事態に備えて、あらかじめ講じておく対策。先回りして自分の立場を有利にすること。

高飛車：相手に対して、頭から押さえつけるような高圧的な態度をとること
飛車が自分の陣の前に飛び出す戦法やその駒をいいます。この戦法が攻撃的であることから転じました。

成金：急に金持ちになること
王将と金将以外の駒が、敵陣の三段目以内に入って裏返って金将になったもの。歩兵がいきなり金将になるところから、にわか長者にたとえられる。近世後期には金持ちになることを言うようになりました。第一次世界大戦による大戦バブル景気によって富裕層になった者を言うこともあります。私が今手元にある山川出版社の高校の日本史Bの教科書に太文字で書かれています。

篠崎子ども図書館では私が着任した2013年から毎年、女流棋士の高橋和先生にお願いをして将棋初心者向けに将棋教室を夏休み期間中に実施していました。将棋の駒について、駒を棋士のように指す方法、駒の動かし方のお話があります。ある年、駒の紹介のために盛上駒と彫埋駒を持ってきて子どもたちに紹介をし（図18）、子どもたちは実際に触れてプラスチックの駒との違いを感じていました。両方とも何十万円もするので私はなくならないか心配でしたが。

毎年、事前に何組が参加するのかを高橋先生には伝えていたので人数分実際に指せるように駒と簡易な盤を持ってきていただいています。はじめる前に高橋先生は参加している親子に3つの挨拶を大切にしましょうと言います。「よろしくお願いします」「負けました」「ありがとうございました」、この3つは将棋を指すうえで基本的な礼儀であるといいます。

私が高橋先生と知り合ったのは2012年に行われた出版健康保険組合の将棋大会のときです。私が上司に「将棋は日本の伝統文化のひとつで由来の言葉もそれなりにあるので言葉の勉強も含め

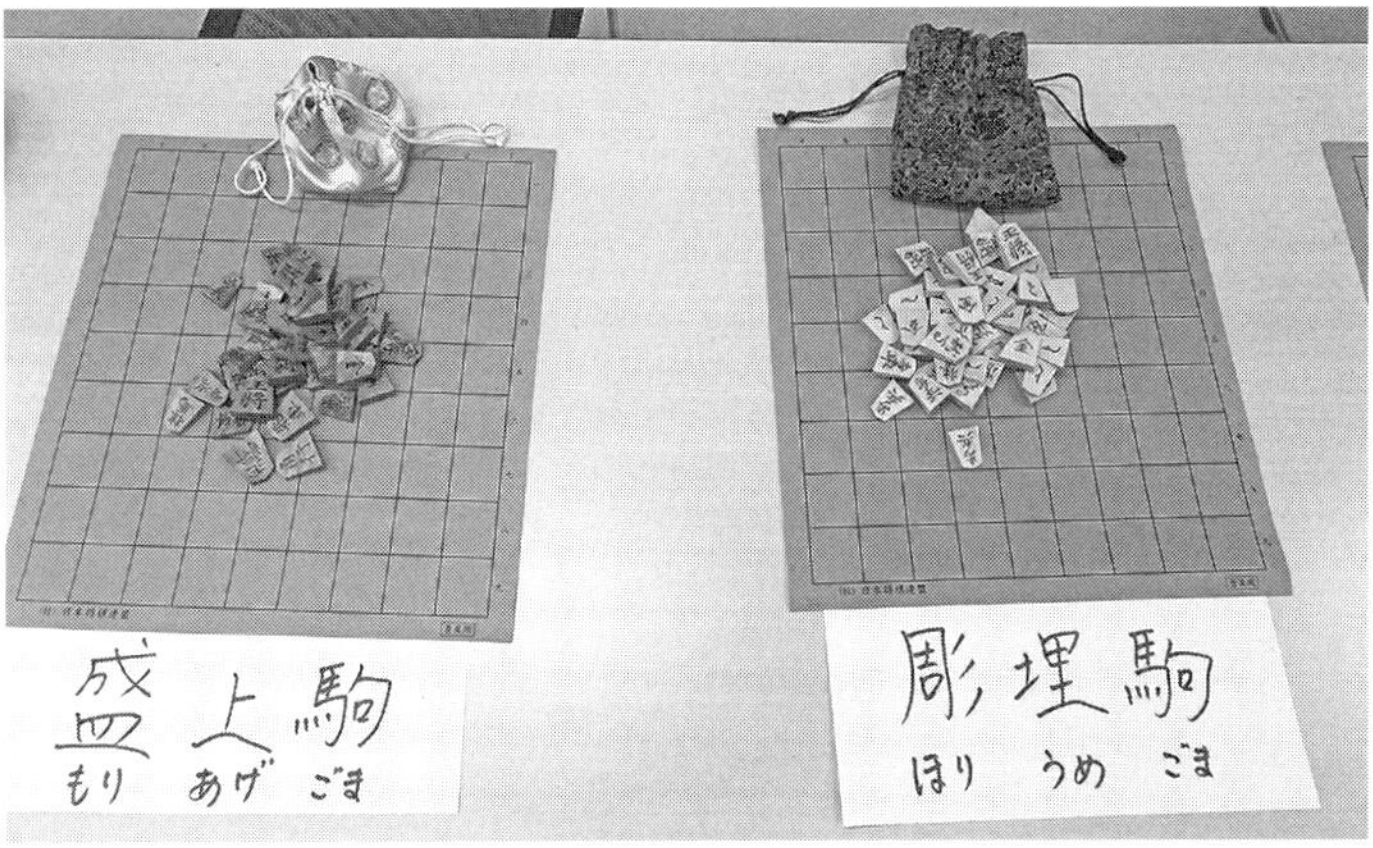

図18　盛上駒と彫埋駒

て図書館で将棋教室を行ってみたい」と相談しました。「出版健康保険組合の将棋大会が4月に日本将棋連盟本部の将棋会館で行われて有名な先生が何人かいるよ」ということで私も会場に行き、いろいろな先生がいる中でお話が盛り上がったのが高橋先生でした。

出版健康保険組合の将棋大会で「将棋は脳を育てる」という羽生善治氏と茂木健一郎氏の対談の冊子が配布され、後ろにプロ棋士に尋ねたアンケート結果があり、一部以下に記します。

Q1. 将棋を始めて良かったと思うこと
・算数の成績が上がった　68名
・暗算がはやくなった　61名

Q2. 当てはまるものに○をつけてください
・ひとつのことを集中して考えられるようになっ

た　95名

・勝負の厳しさを知ることができた　78名

回答を見ると「自分の子どもにやらせてみよう」と思うかもしれません。将棋ブームに乗って自分も指してみようと思った方は多いと思います。駒と盤をそろえなくても今ではアプリとしてスマートフォンやタブレットで行うことができます。図書館には著名な棋士の本や解説本もあります。片手に本を持ちながら駒を動かすとおもしろいです。せっかくなので言葉や歴史についても知ると、より将棋の世界に入って行けます。

4　図書館でおみくじの次は

わたしが2018年のお正月に都内を散歩しているときに「この行列はなんだろう」と思って並んでいる人に聞いてみると「上に神社があって毎年初詣は行列になります」と。帰宅後に検索したら白金氷川神社というところで、気になったので3月に行ったら並んでいる人はいなくてすぐ階段を登りました。せっかくなのでおみくじを引き、吉でした。「立ちよれば　そこで　なびきて　白萩の　花のか　ゆらく　月の下かげ」。みなさんはおみくじは好きですか。また、引いたおみくじはその後、どうしていますか。

私が江戸川区の図書館に着任したときに驚いたことのひとつは1月3日から開けていることです。箱根駅伝の復路を現地で見ることができないなと思う一方でせっかく1月3日に開館するならなにかあってもいいのではと思っていました。

図書館業界にはいくつか全国の関係者や企業が集まる催し物があります。２０１４年に行われた図書館総合展に行ったときに帝京大学の「共読ライブラリー」のブースに寄りました。「共読ライブラリー」は帝京大学メディアライブラリーセンターと松岡正剛氏が所長をしている編集工学研究所との読書推進企画で、話を案内人から一通り聞いたら「ぜひ回してみてください」といわれガチャガチャをやってみるとカプセルには本格的なおみくじが入っていました。「本縁起　大吉」と上段に書かれてお勧め本が記されていました。図書館で行うおみくじだから本と結びついているのはおもしろかったです。紙も本格的なものでした。

館員に見せたところ２０１８年のお正月に行いましょうということで動きました。少し調べたところ、まち中にある図書館でおみくじを行っているところはいくつかありました。福袋をやっている図書館もあります。今となってはそんなに珍しくはないようです。ある館員が「地元の篠崎浅間神社でおみくじをご祈祷してもらうのはどうだろうか」と。祈祷となるとそれなりにお金がかかると思い「金額を聞いてからの判断です」ということで先方さんに聞いてもらいました。そうすると私が思っていたより抑えていただいたので、「では、お願いしましょう」と。神社に祈祷してもら

図19　「篠崎図書館読書おみくじ」の予告

った本格的なものは調べたところ図書館ではなかったのでやってみようと。

12月13日に江戸川区内最古の篠崎浅間神社に行きました。ちなみに私は5年目にして初めて行きました。御祈祷代を図書館の経費で落とすのは微妙だったので私個人で支払い、18日に予告のセッティングが完了し（図19）、念のため、区役所の方に実施することを伝えました。そうすると、27日の午後に東京新聞の記者が来館し取材を受け、12月30日に東京新聞の朝刊に予告として記事が掲載されました。28日のお昼すぎに区役所の広報課の方から「もしかすると興味を持ちそうなところがあったのでそのときはお願いします」と。図書館は12月30日まで開館しており、新聞やテレビからの連絡はなかったため、ないだろうと思っていました。

年明けの２０１８年1月2日、友達と現地で箱根駅伝を見ていると13時39分に知らない電話番号からの着信。とりあえず電話に出てみるとＮＨＫの記者から「明日３日から行われるおみくじについて、図書館で取材をしたい」と。年末の話を思い出して「こちらこそよろしくお願いします」と伝え、あとは関係各所に連絡して当日を迎えるだけでした。

「篠崎図書館読書おみくじ」と題して１月３日の開館から行いました。おみくじは単純です。図書館のカウンターでお客さんがおみくじを希望したら、図書館員は箱を前に出して、お客さんはおみくじを引きます。おみくじには読書運の吉凶とともに、今年読んだ方がよい本のジャンルとそのおすすめ本のタイトルを記載しており、その本を借りたり、その場で読んだりすることができます。おすすめ本は健康、生き方・名言、オリンピック、掃除・整理整頓、自然に親しむ、スキルアップ、ハッピー・福の７つのテーマに分けました。ちなみに篠崎図書館は児童書を置いていないので選んだ本はすべて大人向けの本だけです。年末に新聞に掲載された効果があり、初めて篠崎図書館に行ったというお客さんもいました。ＮＨＫの撮影は午前中で終わり、夜の放送で少し紹介されました。

私はお正月というと、芸能人格付けチェック、箱根駅伝、兵庫県の西宮神社で行われている福男選びです。普段は図書館で走ることはできません。走っていると注意します。しかし、篠崎図書館がもう少し広かったら福男選びの図書館バージョンやってみたかったです。扉が開いた瞬間にゴールまで走り出します。館内には本棚が綺麗に並んでいるので一直線でたどり着けることはなく目的地までさまざまなルートが考えられるのでどれが最短なのか、スピードを落とさないで走れるのか頭を使います。おそらく何人かは本棚に激突し新年早々痛い思いをする方もいるでしょうが図書館で走ってはいけないことを実感するでしょう。おみくじと福袋は図書館で行うところが増えてありきたりになりつつあるので、どこかの図書館で西宮神社で行っている福男選びを男性と女性それぞれ分けて実施するところはないかなと。みなさんの最寄りの図書館では新年は何をやっているのか調べてみるといいでしょう。

5　成人式は午前中に

毎年、ニュースで成人式の様子が流れているのを見てみなさんは何を思い浮べるでしょうか。自分が成人式に出席していたときのことを思い出す。もしくは荒れる成人式の映像を想像する。テレビや新聞では「荒れる成人式」という見出しをつけて報じていたりするのがいっとき集中してありました。定番だったのは沖縄の映像で、毎年テレビを見て思ったのは「なんでそんなにきれいな映像が撮れるのか」と。プロのカメラマンが撮影した映像でおそらくマスコミが「荒れている様子が撮れるだろう」と期待して待機していたのではと思うときがあります。一方、会場で暴れている様子がニュースで流れている場合は手振れがあって、いかにも出席者が撮影した感じで素人の撮り方です。

2018年もまたニュースで新成人が荒れている様子を見なくてはいけないのかと思っていました。そしたら、神奈川県横浜市で振袖の販売、レンタル、着付け、フォトスタジオを運営していた、はれのひ株式会社が突然休業し、着付けを予約していた客が晴れ着を着られないということがあり、テレビで大きく報じられ、新成人が暴れている映像は見ませんでした。

これからはもっと一般的な成人式の様子をみんなで共有したらどうでしょう。騒いでいたり暴れているのは参加者のごく一部で大多数の方は真面目に出席しています。あのように報じられると「今度やってみよう」と思う人がいてテレビに映るチャンスと思うのです。目立つ機会を誘発しています。

そう思ったのは、私がいた篠崎子ども図書館は江戸川区子ども未来館の1階にあります。子ども未来館は健全育成課という所管部署の中にあって、その課の中には青少年係というものがあります。青少年係の職員が年末になると成人式用の看板を2階で作り、出来上がったものを1階の小部屋に一時的に置いています。職員の様子を見ているといい成人式にしようと頑張っています。式が終わると毎年「今年も良かったね」と聞くことが多かったです。「今年はちょっと大変だったね」と聞いたのは少なかったです。私が聞いた話の中で少し大変だったようなものとしては、バイクで成人式会場の敷地内に入ろうとしている若者がいて、みるからに飲酒をしていた。警備員に3回止められて、諦めて折り返してどっかに向かって走っている最中にバイクが横ではなく縦に回転して電柱にぶつかり、その若者は動かなくて様子を見ていた人が「救急車」って叫んだ。しばらくして若者はひたいから血を流しながら起き上って会場に入ろうとしていたらしいです。私だったら飲酒運転なのですぐ警察を呼びます。

女性の着付けが大変ですが、成人式そのものは午前中に集中してやった方が飲酒をして会場に入ろうとする人は減ると思います。昨今は少子化とさんざん騒がれていますので、午前中でも頑張ればできるのではないでしょうか。２０３３年には今より新成人は減っています。高齢者は早起きですから午前中に60歳以降の高齢者が会場入口付近に集まってうまく壁になり飲酒状態で会場に入ろうとする新成人、明らかに何かをたくらんでいる若者をブロックしてはどうでしょうか。大多数の真面目な方にとって一生の思い出になるような日にしたいですね。さすがにやんちゃな新成人や飲酒状態の若者がおじいちゃんを突き飛ばすことはしないでしょうから。近くに警察官が待機して、おじいちゃんの壁を突き破って入るために手を出したら現行犯逮捕でもいいと思います。30代、40代のそこそこの大人が並んでいるとやんちゃな新成人は手を出さなく、そのまま体を押し当てて進もうとします。大人とやんちゃな新成人がラグビーのスクラムのようにお互いにヒートアップして押し合うことになるでしょう。

２００1年に出版された『新しい成人式の創造―企画・運営の手引き』（新風書房）という本には成人式について問題とされている論点整理が最初に記されています。その上で重要な問題は次のものであると。「(A)これら問題だとされている現象が、何故起こっているのかという本質的な原因の追究が充分に行われていないこと。(B)さらに、そのような原因追究が不充分なため、真の問題解決にはならない本質的な改革案とは異なる対応策が講じられるにとどまっていること。(C)こうした成人式の問題は、最終的には開催の目的、意義は達成されているのか、開催成果はどうなのかという問題に帰結するわけですが、成人式の今日的な意義などについての検討が充分でないこと」とあります。

成人式についてそれぞれの自治体では頭を悩ましていると思います。一部紹介しました本にあるように成人式の意義はなんだろうかということを式を行う側だけで考えるのではなく、式に出る側も考えると騒動を起こす一部の方も少しは思いとどまるのかもしれません。さりとて、その考える場面はいつ、どこであるのかというのは難しいです。

6 NHK大河ドラマ

私はNHK大河ドラマを生放送で見ることができない場合は録画して見ています。たまたま学部での専攻が歴史学だったのと、大河ドラマの時代設定が戦国時代が多いので「学説とは違うと思うけど」とツッコミを入れながら見ています。

2013年1月に4月からの館長業務に向けて引き継ぎと準備に向けて篠崎図書館に寄ったときのことです。入口近くで「八重の桜」と書かれたボードと造花の桜の木、公式キャラクター「八重たん」を印刷したもの、関連年表、人物相関図も掲示して、テーブルには関連する本が100冊ほど展示してありました。館員に聞くと「毎年1月はNHK大河ドラマ関連の展示を行っています」と。2013年は第52作「八重の桜」でした。

2013年4月に正式に着任してこの年の年末になると館員から「来年1月の展示のために小物を買いたいんですけど」と申し出があり、「いくらで、何に使うの」と聞くと「1000円あればじゅうぶんで、葉っぱのつたが欲しいです。官兵衛が捕縛され、幽閉された摂津国有岡城の土牢をイメージしたものです」と。「それくらいならいいので、ちゃんと領収書をもらうように」ということでこのときの話は終わりました。2014年1月3日に出勤すると思っていた以上によくできていて驚きました。2014年は第53作「軍師官兵衛」です。館長が交代したから今までの流れを踏襲しないということはありません。ちなみに、今年は第57作「西郷どん」です。幕末関係は久しぶりで2010年に第49作「龍馬伝」があり、担当した図書館職員から話を聞くと本の貸出は幕末より戦国時代の方が圧倒的に多いようで、図書館の来場者は戦国時代が好きなようです。

2015年に西葛西図書館の館長から「2016年の大河ドラマは真田丸。江戸川区内6館で合同の講演会を行いませんか」とお誘いをいただきました。この年の10月に実施する図書館の順番を決めました。その会議に私がいたのですが不思議と希望していたのが残っていたのです。それは「第4回「真田信繁とその時代」10月、11月の土日祝のいずれかの予定」。このとき1年後の放送の展開を想像すると11月には真田丸ができて真田丸の戦いがあるだろうと思っていました。番組の放送と講演会がつながっておもしろいだろうと。講師は第55作「真田丸」で、黒田基樹さん、丸島和洋さんと共に時代考証を担当した平山優先生です。平山先生は高校の教員、歴史学者としてのみならず多数の著作があり、『真田信繁　幸村と呼ばれた男の真実』（KADOKAWA、2015）は分厚く380ページほどありますが、真田信繁について詳しくわかりやすく読みやすかったです。6館合同講演会に合わせて、西葛西図書館ではスタンプラリーや展示用のパネルを用意してくれました。普段は各図書館で展示や講演会を行っていますが、たまには同一自治体内の数館でテーマを決めて取り組むこともあります。

図20　講演会のチラシ

真田丸の講演会は篠崎図書館では2016年11月20日に開催しました（図20）。真田信繁の九度山時代の話と大坂の陣に絞ってお話をいただきました。1週間前の11月13日の大河ドラマの放送では第45回「完封」で、真田丸の戦いが行われ、前田勢と井伊勢が競って真田丸を登っている途中で真田勢に鉄砲で撃たれたり投石によって兵が転げ落ちた場面が放送された回で、タイミング的にはちょうどよかったです。平山先生が投影した資料には真田丸の図もあり、当時の状況を現在の地形に合わせての説明がとても興味深かったです。

他の自治体の図書館職員の方と話すと、ゆかりがあれば大河ドラマに関係する本の展示や講演会を行っているようです。具体的には、２０１７年のＮＨＫ大河ドラマは第56作「おんな城主　直虎」でした。静岡県浜松市の図書館では11月26日にＮＨＫ大河ドラマ「おんな城主　直虎」の時代考証をしている戦国史研究者の大石泰史先生による「『女城主井伊直虎』から直政へ―史実から二人位置づける―」を開催しました。ＮＨＫ大河ドラマを通じて史跡や名勝を巡る人が増えれば経済効果はあるでしょう。さらに、その人物についてより興味をもったら図書館で関係する本を読んだり、史料を読めなくても眺めてみることで地元をより知ることができます。

ＮＨＫは４月19日、２０２０年の大河ドラマのタイトルが「麒麟がくる」で、主人公の戦国武将は明智光秀とし、その役を長谷川博己さんが演じると発表しました。やはり戦国時代です。ＮＨＫ大河ドラマは戦国時代が多いため取り上げる人物を決めるのがだんだん大変になり、悩むと思います。私はいっそうのこと合戦のシーンがほとんどない平安時代や江戸時代中期もいいとは思いますが盛り上がりに欠けるからでしょう。今まで主人公にしていない戦国武将となると年々厳しくなり、２０３３年までに残るのは島津義弘、加藤清正だと思います。２人とも有名な武将です。けれども、ある場面は日本の隣国は黙っていることはなく外交問題になる可能性があるので、彼らが主人公となるのは難しいでしょう。その場面をナレーションで済ますわけにはいかないだろうし。

そうなると、私はあまり有名ではないですが最上義光をおすすめします。１９８７年ＮＨＫ大河ドラマ「独眼竜政宗」では伊達政宗の敵として出ていました。悪そうな感じで。もう31年たったので、リアルタイムで見ていた世代はとくに最上義光を主人公にするとまた違った見方があることがわかっておもしろいと思います。

7 戦国時代にサラブレッドはいない

私は幼いころ、競馬場の近くに家がありました。歩いて行ける距離ではないですが家族で遊びに行き、競馬が休みのときは開放してくれたので馬が走るコースを走ったり、サッカーをしたりして遊んでいました。馬を実際に見たとき下から上に見上げる感じで大きいと思いました。１度、体験会でサラブレッドに乗せてもらうと今度は高く感じて少し怖かったですが馬はおとなしかったのでまたいつか乗ってみたいと思いました。大人になって、乗馬クラブのチラシが自宅のポストによく投函され、無料体験ができるということで行きました。１年くらい行ったのですが思っていたよりお金がかかったのと、うまく腰をあげるタイミングがつかめなくてお尻の皮がめくれるくらい痛かったのでやめました。ずっと座った状態だとお尻が痛いので軽く浮かすようにして乗るようにとアドバイスがあります。

2013年の1月に4月に向けての館長業務引き継ぎで篠崎子ども図書館に行ったときです。館長が図書館内だけではなく周辺も案内をしてくれました。すぐ隣に「篠崎ポニーランド」と看板があって覗くとポニーが何頭もいました。「馬に乗ったことありますけどポニーも思ったより大きいですね」と言うと「ここができるきっかけは一通の区長への手紙だった」と。区長への手紙は区民やサービス利用者が区政やサービスに対する意見、要望などを投書できるシステムで、メールやハガキなどそれぞれの自治体によって方法があります。みなさんがお住いの自治体でも同じ仕組みはあります。

篠崎ポニーランド（江戸川区篠崎町3丁目12番17号）は館長から話を聞くと、その区長への手紙に「馬と遊べる公園が欲しい」と書かれていたことが始まりだと。当時の中里区長が環境部に検討するよう指示したところ、担当者が「馬はペットと違う。家族と同じように育てなくては難しいから役所がやるのは難しい」と返事したようです。区長は動物とのふれあいが子どもたちの情操教育に大きな効果があると判断し、実施するようにと指示したようです。上野動物園、中山競馬場、馬事公苑からもアドバイスがあったようで、結果ポニーを飼うことに。ポニーは馬事公苑や中山競馬場で調教し、1975年に江戸川大橋付近の河川敷に開園しました。1978年には、そこから500メートルほど下流の現在の場所に移設し「篠崎ポニーランド」としてリニューアルオープン、1993年には、なぎさポニーランド（江戸川区南葛西7丁目3番）がオープンしました。

建物があるサービスセンターから江戸川河川敷に向かうと子どもたちがポニーに乗っています。

無料でポニー乗馬や馬車の乗車を楽しむことができ、ポニー乗馬は小学校6年生までです。図21はウェルッシュマウンテンポニーという種類のメスのよつばです。２０１２年産まれで、高さは１１９センチメートルです。

仕事で篠崎子ども図書館にきたときは館内だけではなく外に出て何か壊れているものはないかなど様子を見ます。そのときに隣の篠崎ポニーランドのサービスセンターも寄るのでポニーがブラッシングされていたり、牧草が置いてあるところ見ます。「この牧草は何食分ですか」と聞くと「この子が一晩で食べてしまいます」と。見た感じ5キロくらいはありそうです。ポニーはかわいいけど維持管理は大変ですね。

図21　篠崎ポニーランドにいるポニー よつば

５年もポニーを見続けているとＮＨＫ大河ドラマや他局の時代劇の乗馬のシーンを見てツッコミを入れたくなります。「この時代はまだサラブレッドは日本にいないのに」と。サラブレッドは17世紀初頭にイギリスで誕生し、戦国時代にはサラブレッドはいません。日本で本格的にサラブレッドの生産が開始されたのは、１９０７年に小岩井農場がイギリスから雄1頭、雌20頭を輸入してからになります。川合康著『源平合戦の虚像を剝ぐ　治承・寿永内乱史研究』（講談社選書メチエ、１９９６）には日本の中世における馬の実態について記述があり、体高の平均が129・5センチメートル。中世の軍馬の多くが日本在来種の木曽馬、御崎馬、北海道和種に相当する大きさであり、現在の馬の分類に当てはめるとポニーに相当すると。となると、平家物語に急な坂を下りる逆落しの記述があるのですが、木曽馬なら可能でしょう。サラブレッドは急な坂を下りると脚の骨を折ります。木曽馬は長野県天然記念物に指定されています。長野まで行って見るのが大変と思ったり、戦国時代はどんな感じの馬に乗って戦っていたのか、と想像したくなったら篠崎ポニーランドに行ってみましょう。ポニーはかわいいですよ。

8 古文書講座

2017年は原書房の成瀬雅人さんにお願いをして出版社を数社訪問して社長や編集の方とお話をしました。理由は昨今、大手出版社から図書館に対しての要望があり、新聞やテレビで話題になり、私自身が出版社をより知りたいと思ったからです。図書館と出版社でもう少し議論がかみ合って前に進む方向はないのかと。今後も時間があればもっと訪問してみたいです。

訪問したひとつに柏書房がありました。柏書房は古文書・日本史・世界史に関する本を主に出している出版社で、古文書に興味がある方なら油井宏子著『古文書はこんなに面白い』(2005)は手に取ったこともあるかもしれません。当日は富澤凡子社長と編集の小代さんが同席してくださ

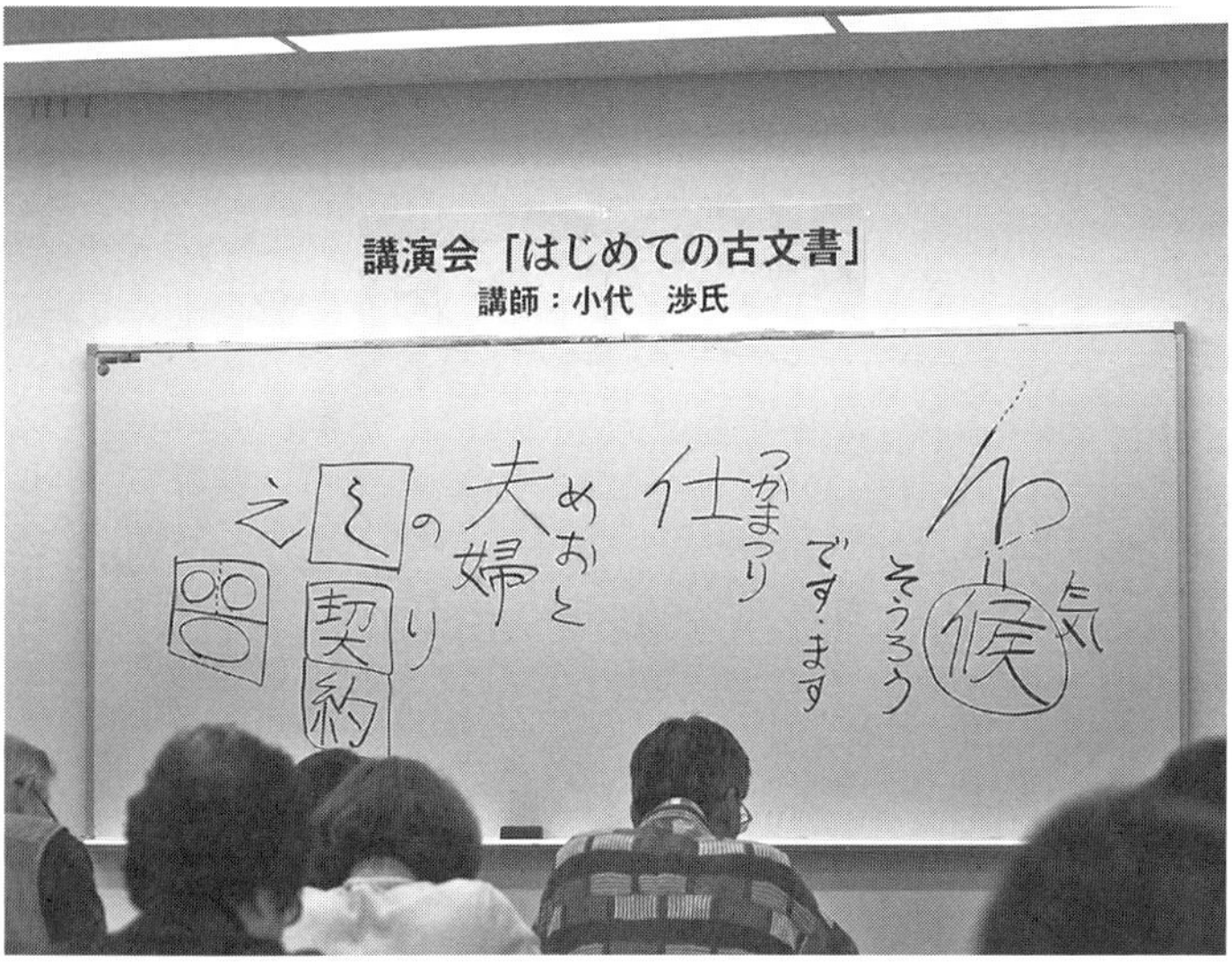

図22　古文書講座

り、いろいろお話をした中で、図書館で古文書講座をお願いできませんかと。柏書房は書店で古文書講座を行っています。図書館によっては古文書講座を行っているところはあるのですが、出版社の方が講師としてというのはほとんどありません。

11月5日に実施し、39名の参加となりました（図22）。このうち江戸川区外の方は3名いました。男性20名、女性19名。回収できたアンケート結果によると年齢は20歳代1名、30歳代2名、40歳代6名、50歳代4名、60歳代19名、70歳代5名、80歳代以上1名でした。当日の様子を見て思ったのは古文書に対しての興味関心がある人は一定数いるが、年齢が高いことです。おそらく男性は定年退職をした人が関心があったんだろうと思います。古文書は日本語ですが外国語を習うように継続が大切です。日々の仕事が忙しいと1回休むと脱落してしまうでしょう。4年くらい継続して古文書を読んでいれば磯田道史先生のようにスラスラとはいきませんが、ある程度は読めるようになります。参加者の年齢層を見るとこのままだと古文書を読める人がどんどん減少していく可能性があります。

高校3年生が大学進学を考えるときに日本史を学びたいと思って入学する人が減れば、今後大学の学科再編成で日本史が学べる学科の縮小、廃止という可能性があります。卒業後の職が心配になりますが、日本史の研究者以外の道として日本史に関する本を作っている出版社、自治体にある文書館や博物館の仕事などいろいろ倍率は高いですが可能性はあります。中学や高校の古文で苦手意識を持つとそれっきりになる方もいますが、読めると昔の方がどんな生活をしていたのか知ることができて楽しいです。

9　コンニャクと海苔

みなさんはコンニャクを食べる頻度は多いでしょうか。板コンニャク、しらたき等おでんの具材として使うことは多いと思います。ダイエットしている方はゼリーを食べたことがあるかもしれません。インターネット辞書・事典検索サイト「ジャパンナレッジ」でコンニャクを検索したところ「日本大百科全書」には「日本へは平安時代以前に、中国（唐）を経て伝わったと考えられる」とあり、古くからなじみのある食べ物です。では、コンニャクはどのようにして作られているのか気にしたことはあるでしょうか。

コンニャクはコンニャクイモから作っています。大形の球茎があり、これが食用のコンニャクの原材料になります。農林水産省の「農林水産統計」によると、コンニャクイモの栽培面積が1983年には11万3000ヘクタールだったのが、2017年には3860ヘクタールまで減少し、同様に収穫量も1983年の6万9100トンが2017年には6万4700トンまで減っています。では、コンニャクの花を見たことはあるでしょうか。国立科学博物館や東京都調布市にある深大寺植物園では巨大なショクダイオオコンニャクの開花があったときはテレビや新聞で報じられることがあり、特別に展示をしていることがあります。私は一度だけコンニャクの花を間近で見たことがあり、思っていたより臭く、鼻が痛くなります。特有な腐臭を出しています。私が見たのは篠崎子ども図書館がある江戸川区子ども未来館の屋上です（図23）。子ども未来館では子ども向けに菜園のプログラムがあり屋上では野菜を育てています。他にも単発のプログラムで畑を使っており、そのひとつに「板コンニャク作り」の講座があります。長野県の農家から譲り受けた芋を使いプログラム中にすりおろして炭酸Naを添加して熱を加えて固める工程を子どもたちが体験し、残った芋（3年物といわれる大きな個体）を土に埋めたところ茎が増長し花が咲いたようです。すべての個体に花を生じるのではなく、開花するのも5年から6年目と言われ、普段生活しているまち中で開花を見る機会は少ないです。しかも花が咲くとイモは栄養が取られてしまうので生産者はコンニャク芋を育てるのが目的であるため3年から4年で掘り出して加工します。よって、たまに新聞などでは「5年に1度咲く」と表記していることがありますが「5年経たないと咲かない」とした方がいいのかもしれません。

図23　コンニャクの花

海苔はコンニャクよりみなさん食べていると思います。コンビニでおにぎりを買うとだいたい食べています。私はあまりコンビニでおにぎりを買わないので慣れていないのか、たまに買うとフィルムをはがしたときに海苔が破れてしまいます。もったいないので後で海苔だけ食べます。ニュースを見ていると海苔の不作について見たことがあると思います。映像で採取されていない場面も一緒に。海苔の卸値はここ数年連続で上昇し、品薄になれば、値が上がるのは当然です。では、私たちがおにぎりで食べることが多い海苔はどのようにして作られているのでしょうか。

今となっては機械で海苔を作ります。もちろん機械化される前は手で作っていました。私は1度だけ体験したことがあり、これも江戸川区子ども未来館で行われている単発のプログラムで「海苔すき体験」が行われ参加したことがあります。海苔づくりに実際に携わっていた方のお話を聞きながら作ります。2月に屋上で行っているので寒くて風が強いです。細かくきざまれた生海苔を升ですくいます。小さい生海苔が服に飛び散ります。四角い枠を乗せた簀（す）の上に流し込みます。海苔を厚さが均一になるように板状にしますがこれが難しく、端っこが薄くなります。でこぼこにならないようにするのは大変です。斜めに立てかけてある簀に置いて天日干しにします。乾燥したら出来上がりです。素人がやるとスーパーで買うのと違ってきれいにできません。

講師の先生から聞いて初めて知ったのが、昔は東京で海苔をたくさん作っていたことです。話を聞くと東京の沖合全域で海苔を作っていて一時期は全国の生産額の7割は東京産だったと。現在では海苔というと有明海の有明海苔を想像する方が多いと思います。農林水産省の「水産加工統計調査」によると、2017年の焼・味付のり生産量は、67億5553万2000枚で最も多いのは福岡県の11億7694万4000枚、続いて佐賀県6億6685万5000枚と続き、東京は6位で3億1787万8000枚です。江戸川区は明治時代に東京府から海苔採取場の創設が認められたときから始まったそうです。戦後の復興や東京湾の改修、近隣の工場排水による水質汚濁によって海苔養殖は減り、1962年に東京湾整備計画とも関連して携わっていた方は補償金を受け取り漁業権を放棄し、海苔養殖も終わりました。最近では海苔作りを知ってもらうためにそれぞれの自治体で体験授業が行われているようです。

普段、よく食べているものはどのように作られているのかを知ることで暮らしや文化を少しは理解できます。また、ニュースになったときに身近なこととして捉えることができます。大量生産・

大量消費が当然になると食べ物がどのようにして作られているのか、わかりにくく、機械化される前はどのように作られていたのか知ることは大切で、大人と子どもが学べる施設が自治体内に多くあると地元のことをより理解したり愛着を持てるようになります。それは日本の伝統を知ることになりますし伝えていくきっかけになります。

10 しかけ絵本講座

最近の子どもたちはハサミやカッターなどの刃物の使い方に慣れていないような気がします。おそらく普段の生活で使用する機会が減っているのでしょう。あるいは学校生活であまり使わないのかもしれません。なぜ、そう思ったのか。2つあります。ひとつは篠崎子ども図書館で定期的に行っている簡単な工作会に参加している子どもの様子から。もうひとつは鎌倉駅から徒歩6分のところにあるしかけ絵本専門店メッゲンドルファーの嵐田康平さんを招いた、しかけ絵本講座の様子を見ていて感じました。

篠崎子ども図書館では月1で工作会を行っています。対象は幼児（3歳以上・保護者同伴）から小学生としています。多数の参加者は図書館で用意している安全ハサミを使用し、これは刃先までカバーし手にやさしく、また開閉が楽にでき小さお子様でも安心です。少数の慣れた子どもは普通のハサミを使います。カッターはほとんど使用することはありません。子どもたちが切っている様子を見ると「あぁ」と声を出しそうになることが年々増えているような気がします。テレビで料理をあまりやらないタレントが包丁でにんじんを切るとき「そんな持ち方では指切るぞ」とツッコミを入れるのと同じ気持ちになります。もし子どもが手を切ってもすぐにばんそうこうは出せますが。

慣れたハサミの使い方は、ハサミと紙は直角になるように持つこと。直線を切るときは紙がぐらぐら動かないように持つ。ハサミの根元でゆっくり切っていき全部閉じることはしません。よく「パチン」と全部閉じているのを見ます。ハサミの先の方だけで切りません。ハサミで円をきれいに切るのが苦手な方をよく見るようになりました。ハサミではなく紙を回しながら切るのが基本です。

篠崎子ども図書館では絵本専門店メッゲンドルファーの嵐田さんを招いた、しかけ絵本講座を行っていました（図24）。保護者も同伴しているため一つの机にカッターを一つ置いています。保護者は保護者で作品が作れるように材料を用意し、場合によってはハサミよりカッターの方がいい場合もあるからです。小学校の高学年になるとカッターを使う子どももがいます。何人かには、ついつい「それはあぶないよと言ってこうやるといいと言います。カッターの刃を出し過ぎないこと。定規を使って直線を切るときは片方の手で定規をしっかり押さえて、もう片方の手で刃先をよく見て体の正面で切る。厚い紙の場合は座るのではなく立って刃を少し寝かせて上から下に力を入れすぎな

図24　しかけ絵本講座で作ったもの

いで線を引くように腕を上から下に縦に動かします。隣にいる保護者が「へぇ」と言うこともあり、あまり家で刃物を使う場面がないのかな、と。このような図書館で行うイベントで少しでも使う機会があればと思うのです。

しかけ絵本講座が終わって片付けもひと段落したところでお茶を飲みながら毎回、「今日のお子さんたちは○○でしたね」と話しています。そのときの話題のひとつにハサミの使い方があります。嵐田さんは日本各地でしかけ絵本教室を行っています。この前、お会いして話をしたときに昔と比べるとハサミが使い慣れていない方が多い気がすると言っていて、それは単純に使う場面が減っているのではないか、と。

いきなり切るのに慣れることはないので、ゴミが出ますがチョキチョキ切ることがあるといいのかもしれません。もちろん最初は保護者や大人がちゃんと見て手を切らないように見守っていないといけません。少しくらい指を切っても痛いのは最初だけで、痛いのは紙で指を切ったときです。切る道具はハサミやカッターといってもそれぞれ種類があります。小さいときから切ったり穴をあける道具を少しずつ使うことによってモノを作るとはどんなことなのか、ということが実感としてわかると思います。

11 オリンピックと政治

2018年2月から韓国の平昌で行われたオリンピック冬季競技大会は、私が思っていたよりオリンピックと政治について取り上げられていたと思います。オリンピックと政治は密接につながっておりそれぞれの大会で大小いろいろあり、大会そのものをボイコットするのも政治的な理由です。今となってはテレビで報じていないのですが4年前のロシアのクリミア編入のことは日本人は忘れ去った過去のこととなっているのかもしれません。私が他に政治色が強いと思うのは3つです。1つは1972年に行われたミュンヘンオリンピック開催中にパレスチナ武装組織によってイスラエルのアスリートが襲撃されました。2つ目は1964年の東京オリンピックでは開催期間中に中国で核実験が行われました。3つ目は、1936年のベルリンオリンピックです。このときのドイツはアドルフ・ヒトラーが国のトップだったときです。おなじみとなった聖火リレーはこのべルリン大会で初めて行われ、ルートはオリンピアからブルガリア、ユーゴスラビア、ハンガリー、オーストリア、チェコスロバキア、ドイツという順番で、このルートはひとつの説としてナチスが軍事侵攻するための事前調査の意図があったと言われています。ベルリンオリンピックの様子は記録映画「オリンピア」で見ることができ、日本では「民族の祭典」「美の祭典」として公開され今ではＤＶＤで見ることができます。

２０１８年1月16日朝日新聞朝刊に「女子アイスホッケー、合同チーム提案　韓国が北朝鮮に」という見出しを見て私は「今回は露骨に政治利用したな」と思うのと同時に2つ驚きました。1つは選手たちはどの段階で知ったのか、もう1つは篠崎図書館にとってはタイミングがずれた、と。1つ目のことはすでに報道されているようにいろいろ選手起用などが大変だったようです。2つ目のことは1月14日に「アイスホッケーの魅力を知り、日本代表を応援しよう！」という講演会を行っていました。江戸川区のそれぞれの図書館は前々から東京オリンピック・パラリンピックに向けた展示や講演会を行っております。過去に篠崎図書館で行ったものは拙著『知って得する図書館の楽しみかた』（勉誠出版、２０１６）をご覧ください。２０１7年10月にある図書館員から「図書館を出たすぐ近くにアイスホッケー用品を売っているEUROSPORT（ユーロスポルト）というお店があって、店長の鈴木翔也さんが実際にアイスホッケーやっています」と。話を聞いてこの年の「報道ステーション」のスポーツコーナーの松岡修造さんが取材した企画でアイスホッケー女子日本代表のゴールキーパーの藤本那菜さんを特集していたのを思い出しました。「おそらく、年明けには本庁（区役所）から平昌オリンピックに関係する図書館の取り組みを教えてほしいと言われるので、今回は女子アイスホッケー代表（スマイルジャパン）が平昌オリンピックに出るからアイスホッケーについての講演会を鈴木さんにお願いできるか聞いてみてください」と私は言いました。

その後、鈴木さんには快諾いただきまして実施に至りました（図25）。

一カ月前の12月から講演会の申し込みを行ったのですが思ったより集客に苦戦しました。定員30名なのですぐにいっぱいになるだろうと思っていました。韓国の南北合同チーム発表がもう少し早ければもっとお客さんが申し込んでいたのではと思いました。いろんな意味で注目になるので競技そのものに関心がいくだろうと。選手交代の方法ひとつとってても解説がないとよくわかりません。最終的に当日は36名、子どもから年配の方まで幅広く参加がありました。アイス

講演会
アイスホッケーの魅力を知り、
日本代表を応援しよう！
1月14日(日)
14時開演（13時30分開場）
現役国体選手で元欧州プロリーグのゴーリー(GK)として活躍された鈴木翔也氏をお招きし、アイスホッケーの魅力や観戦のポイントなどについてお話しいただきます。実は江戸川区と縁の深いアイスホッケー。平昌五輪には女子日本代表(スマイルジャパン)が出場します。競技の見どころを知って、スマイルジャパンを楽しく応援しましょう。
講師／鈴木翔也氏（元欧州プロリーグGK）
場所／篠崎文化プラザ　講義室
定員／30名（申込制・入場無料）
対象／どなたでも
受付／12月11日(月) 午後2時より
篠崎図書館カウンターまたは
電話（03-3670-9102）にて
お問い合わせ／篠崎図書館
東京都江戸川区篠崎町7-20-19
篠崎文化プラザ内
https://www.shinozaki-bunkaplaza.com/library/
鈴木《すずき》　翔也《しょうや》
1987年生まれ。5歳よりアイスホッケーを始める。同志社大学アイスホッケー部を経て、フィンランド、エストニアなどのプロリーグで活躍。現役国体選手として現在もプレーするとともに姉妹競技インラインホッケーで日本代表として世界選手権に出場。現在、篠崎にてアイスホッケー専門店「EUROSPORT(ユーロスポルト)」を経営。
図25　講演会のチラシ

ホッケーそのもののお話と選手たちの大変な状況がわかりました。また、鈴木さんがお店にある道具を持ってきてくださり終盤は体験会を行いました。お話を伺っているとプレーヤーが付けている防具は約10kgでゴールキーパーの防具は約20kgほどするようです。

鈴木さんによると日本国内の競技人口としては男子は約７９００人、女子は２６００人。アイスホッケーを行うためのスケートリンクは国内では室内リンクは１１７カ所、屋外リンク50カ所あるとのこと。東京では江戸川区スポーツランド、神宮、高田馬場、西東京にしかないようです。スケートリンクそのものが維持費や老朽化の問題で年々減少しているようです。

平昌オリンピックが始まりいろいろな競技があるなかでやはり私は女子アイスホッケーが気になりました。なかなか初勝利は遠く2連敗して、韓国・北朝鮮合同チームとの戦いで日本は4-1で勝ちました。テレビでも試合は放送されていました。さまざまな意味で見ていた方はいたと思います。選手同士がぶつかったり激しいプレーを見て少しでもアイスホッケーそのものに興味を持った方が増えるといいと思います。

次のオリンピック・パラリンピックは２０２０年に予定されている東京です。世界に向けて日本の文化や伝統をアピールするための取り組みがそろそろ各自治体で本格的に行われているでしょう。「うちはそんなのやっていないよ」と思った方で首都圏にお住いの方は自治体が発行している広報紙を手に取った方がいいと思います。新聞を定期購読していると折り込みで入っています。定期購読していない場合は自治体の施設や図書館に置いてあります。国レベルになるとやはり少しは政治的な絡み、動きはあると思います。ただ、それが平和につながったり、戦争や紛争を未然に防ぐものだったらいいですね。

第3章

情報との接し方

1　科捜研の女でも

私はテレビ朝日系のドラマ「科捜研の女」を1999年から見ています。このドラマは京都府警科学捜査研究所を舞台に、DNA鑑定や画像解析等を最新の技術を駆使し犯罪を解明していくものです。見るきっかけは私の父親が沢口靖子さんのファンでたまたま昔一緒に見ていたら、ドラマそのものが、そのときの時代の流れを意識したり、話題のモノがよく出てきておもしろかったからです。2017年のスペシャルではドローンを使って人を探したりしていました。2018年3月15日の放送で通算200回を迎え、この放送ではある意味で働き方改革がテーマでした。ラーメン店が火事になった話で、梁（はり）に付着した埃にタバコの不始末によってできた小さな火の粉がついて火事になったのが結論ですが、所長が過労で入院したり、職員間の引き継ぎがうまくいかないなど、人のことでゴタゴタする内容でした。

2018年2月1日に放送された「カップ一杯の殺人」では冒頭に人気俳優が亡くなるという話で現場にはこの俳優の記事の載った写真週刊誌が残されて、科捜研がいろいろ鑑定をしていくと京都のらくがき寺にたどり着き、このらくがき寺は単伝庵といわれ京都に実際にお寺があります。壁には落書きがたくさんあって、科捜研が筆跡鑑定を行い、その中から話の冒頭で亡くなった男性が「生まれてくる子供が日陰の人生を送りますように」と書いていることがわかり、結末に進みます

（この意味は最後に納得）。この回のドラマの終わりに「劇中に登場する落書きはすべてドラマ用に制作したものです」と注釈があり驚きました。ドラマなのにわざわざ記すことが必要なのかと。

最近、注釈が多いと思います。バラエティーでよく見るようになったのは「このあとスタッフが美味しく頂きました」という文言です。北野武さんや松本人志さんが番組でテレビの注釈の多さについてコメントしていたことがあります。苦情の電話がテレビ局にたくさんかかってくるから防ぐための対策なのか、ネットで炎上しないようにあらかじめ表示しておいた方がいいだろうと考えているからなんでしょうか。テレビ注意書きというと私が当時中学生だった1997年12月16日放送されたテレビアニメ「ポケットモンスター」を見ていた方が体調不良を訴え、病院に搬送されたことを思い出します。このできごとをきっかけにアニメが始まると「テレビを見るときは部屋を明るくして離れて見てください」「部屋を明るくして離れてみてね」などと文言が画面に表示されるようになりました。子どもが見るアニメはわかりますが、バラエティーはわりと大人が観るので注釈など文言がどんどん入っていくのは残念です。不特定多数の方が視聴しているから予防線ということで入れざるを得ないのでしょうか。

以前、拙著『知って得する図書館の楽しみかた』（勉誠出版、2016）で図書館の壁などに来場者に対してぺたぺたと「私語厳禁」「禁煙」など注意書きが貼ってあることを記しました。先日、東京都内のある図書館に行ったときに次のものを見かけました。

「不審な行動等お気付きの際は早急に職員までお知らせください」

「ほかのお客様のご迷惑となります。座り込みはご遠慮ください」

「新聞と雑誌の最新号は、どちらかを1点ずつご覧ください。なるべく多くの方にご利用いただくため、複数お持ちにならないようにお願いいたします」

「新聞の館外への持ち出しや新聞の切り取りが発生しています。図書館の新聞・雑誌は大切な公共の財産です。今後もこのようなことが続きますと、新聞の購入を中止することもあります」

「携帯電話の使用はお控えください」

「置引き事件発生」

「館内で不審物、不審者を見かけましたら、カウンターまたはフロアのスタッフにお知らせください」

「本が泣いています」

「不衛生、飲酒中の方は他の方の迷惑になりますので図書館の利用をご遠慮ください」

「図書館は本を読んだり調べたりするところです。大きな声は、みんなの迷惑になります」

図書館をあまり使わない人がこのような文言を見ると「図書館はそんなに変な人がたくさん行くところなのか」と思うのかもしれません。私に「なんで」と聞く友達はよくいます。テレビのテロップと同じ現象で、壁や柱に貼るのは館内の景観がよくないです。

篠崎図書館と篠崎子ども図書館ではあまり注意書きの文言をペタペタ貼っていませんが、サイン（表示板）を貼っています（図26）。注意書きの文言がないと「そんなのどこにも貼ってないじゃな

図26　篠崎図書館にあるサイン（表示板）

いか」「寝ていない。瞑想していただけで、それはダメとは表示がないじゃないか」と表示がないからなんで言われなければいけないのかと言うお客さんはいました。アイスクリームを食べている中学生もいました。「そんなのわざわざ表示しなくても」というわゆる常識や世間一般的に考えられるものというのはあってないようなものなんでしょう。だから誰からもツッコミが入らないよう事前に対策するために注釈なり注意書きが増えるようになっていったと考えます。この風潮はよくないと思います。言ったもん勝ちが定着すると主張ばっかりする人が増え2033年にはギスギスした感じになるでしょう。

2　雑談力をあげる方法

私が在職していた期間の篠崎図書館と篠崎子ども図書館は視察の受け入れが多かったです。議会事務局を通じて他自治体の議員さんが視察にきたり、図書館員が見学にきたり件数は覚えていませんが他の区内の図書館よりは多かったです。事前にどこの自治体からなのか情報は得ているので「世界遺産に登録されたばかり」や「あそこの地酒は有名」という感じで想像します。お酒の情報はもともと私がお酒好きというのもありますが、醸造産業新聞社の「酒販ニュース」によく紹介されていて、全国各地の代表清酒特集では瓶の写真と解説がコンパクトに載っているので覚えており、気になったものは飲んでいます。今年の第100回全国高校野球で三重県の白山高校が地方大会のときから話題になりましたが、私だったら三重の日本酒といえば「作」を思い出し、秋田県の金足農業高校が連日テレビで取り上げられていると秋田の日本酒といえば新政の「№6」か「秋櫻」を思い出します。日本酒は「獺祭」がよく話題になりますが、地方にはいろいろおいしい日本酒があります。

視察当日は真面目な話ばかりですが、館内案内の途中で視察メンバーの誰かがお手洗いに行って少し中断しているときに「奈良といえば、みむろ杉は夏にいいですね」と言って少し間を持たせます。先方さんはニコニコしながら「あら、よく知っているね、篠峯は飲んだことありますか」という感じでいろいろお話をしてくれます。お手洗いから戻ってきたら再び館内の案内を行います。多くのお客さんとお話をすることができて私が勉強になりました。

2017年の9月、たまにいくバルに21時15分頃に入ったら客は私だけで店主に「今日はガラガラだね」と言っていろいろ話していたら、たまに見るお客さんが入店しました。と言っても私より年上でそんなに話す機会はなかった方です。何を頼もうか考えているようだったのでバルなのにメニューに式根汁と書いてあるので「式根汁いいですよ」と軽く話しかけました。そしたら「式根島にはよく行っていた。フェリーは時間がかかって大変なので高速ジェット船に乗ります」と。式根汁が式根島からきていること、式根島を知っているだけなく行ったことがあるのは私にとっては意外でした。式根島は東京都にあり、雑談力がある方と思いました。都内の銭湯の話など話がいろいろ広がってなんだかんだ1時間くらいお酒を飲みながら話していました。

普通に考えると最初に話しかけるテーマとしては天気やニュースなどのあたりさわりのないことからでしょう。雑談関係の本でもそのように書かれているものを見ます。私は、話すときに考えているのは大きくふたつあります。ひとつは相手がどんどん話してくれるのか。もうひとつは、他の人は普通はあまり触れないだろうというものです。前者については図書館に視察や見学に来た方では有効でした。先方さんがいろいろ話してくれます。その方がこちらが一方的に紹介や説明する感じから雰囲気が少し明るくなります。後者は「えっ、それ」というものです。普通、お店に入っていきなり式根汁はありません。そして両方に共通するものとして盛り上がるテーマは場所ネタです。日本と言っても北は北海道、南は沖縄までいろいろあり、食文化、気候、観光地などいろいろあります。東京でもいろいろあり、話は膨らむでしょう。難しく言うと地理です。受験科目で地理を選択していると知識の貯金があって強いかもしれません。他方、会話として避けた方がいいと思うのは衣装、健康、血液型のことです。この3つは落としどころが見えません。私に病気のことを打ち明けられても医者ではないので聞くだけで終わってしまいます。相手の仕事や職業のことも最初からは話題にするのはよくありません。地雷を踏む可能性があるのと、議論になるからです。もちろん客同士でもお互いに職業は聞かないのでなんとなく何をやっている方なのか類推します。

雑談力をあげる方法は大きく4点だと思います。1点目、情報番組と報道番組を見る。2点目、録画でもいいのでドラマを見る。3点目、外に出かける。4点目、図書館で情報を入手する。

1点目、情報番組と報道番組を見る。ここ数年、情報番組と報道番組の境がなくなっているのが残念ですが、両方見た方がいいと思います。朝、起きたらとりあえずテレビをつけています。出かける準備をしながら眺めていると新規にオープンした飲食店や食フェスのことをやっています。「この前、テレビでラーメンフェスのことやっていたんですが、○○市のラーメンはしょうゆベースなんですね」と視察に来たお客さんと間を持たすときに使っていました。報道番組は「ニュースステーション」のときからで「報道ステーション」を見ています。たまにちょっとしたコーナーがあるので見ていると「この前、報道ステーションで○○がライトアップされてきれいでしたね」と言うとお客さんはニコニコして「そうなんです。でも普段はね……」という感じで話してくれます。テレビのいいところは勝手に映像が流れるのでなんとなく情報がインプットされます。

2点目、録画でもいいのでドラマを見る。私は休日にいっきに見ています。ドラマの良し悪しはありますが、ロケ地に使われているところは盛り上がります。時間があるなら映画もいいですね。2017年、研修講師として北九州市に呼んでいただいたときに「北九州市立中央図書館さんは図書館戦争のロケ地だったと思います。私は栗山千明さんと岡田准一さんファンでして、みなさんはお近くで見ることができたのですか」と職員に尋ねると館内を「ここは○○の場面でこの椅子に座っていたのよ」という感じでいろいろ案内していただけました。

3点目、外に出かける。時間があるときは外に出てまちの変化、電車の車両がどう変わったのかなど気づくことが大切です。自分がどう感じたのか実感があると話すときに伝わりやすいです。数日続けて休みが取れた場合はちょっと遠出することで新たな発見があります。

4点目、図書館で情報を入手する。図書館には小説だけではなくさまざまな分野の本が置いてあります。少し何か調べ物をしたいときには辞書や事典があります。本棚を見ていると発見があるかもしれません。

3 鮭の読み方はサケとシャケどっち?

2017年も北海道で鮭の腹を割き卵だけを盗み、割いた鮭を置き去りにする事件がありました。10月下旬からテレビや新聞で報じられるようになり、報道を見ていて思ったのは2点あります。1点目は、立派な鮭になるまで時間がかかって大変なのになんてひどいことするのだろう。2点目は、鮭をみなさんはサケと読みますか。それともシャケと読みますか。『日本国語大辞典』で「さけ【鮭・鮏】」を引いて見ると発音については以下のように書いてあります。

シャケ〔埼玉・埼玉方言・千葉・神奈川・山梨・静岡・神戸・紀州・和歌山県・広島県〕シヤ

ケ〔茨城〕

鮭の語源説も記されており、次のような記述があります。

(1)肉が裂けやすいところから、サケ(裂)の義〔日本釈名・滑稽雑談所引和訓義解・和訓栞・言葉の根しらべ＝鈴江潔子〕。

(2)稚魚のときから全長一尺に達するまで、胸腹が裂けているところからサケ(裂)の義。また、肉の赤色が、酒に酔ったようであるところから、サカケ(酒気)の反〔名語記〕。

(3)産卵の際、腹がサケルところからか〔かた言〕。また、海から川へサカサマにのぼるところからか〔和句解〕。

(4)肉の色から、アケ(朱)の転〔言元梯〕。

(5)肉に筋があってはなれやすいところから、肉裂の略か〔牛馬問〕。

(6)セケ(瀬蹴)の義〔日本語原学＝林甕臣〕。

(7)鮭の大きいものをいう古語スケと関係あるか〔大言海〕。スケと同語。スケは夷語か〔日本古語大辞典＝松岡静雄〕。

(8)夏の食物の意のアイヌ語サクイベからか〔東方言語史叢考＝新村出〕。アイヌ語シャケンベ(夏食)が日本語に入ったもの〔世界言語概説＝金田一京助〕。

鮭は私たちにとって身近な存在ですが読み方、語源を調べるとおもしろいです。そんなときにネットで多少のことはわかりますが、辞典類で調べるといろいろわかって楽しいです。家にそんなのを置くスペースがないという方はぜひ、最寄りのまち中の図書館に行って手に取ってみましょう。

私たちは鮭を、切り身、フレーク、イクラなどで見ることがよくあります。ところが、どうやって育っているのか見ることはあまりありません。私は卵から育つのを観たことは2回しかないです。

篠崎子ども図書館がある江戸川区子ども未来館では2016年から茨城県城里町の那珂川漁業協同組合から提供された鮭の受精卵を稚魚に成長するまで飼育し、故郷の河川に放流する活動を通じて自然や生命の不思議を体験的に学ぶことを行っています。江戸川区と城里町は2015年には「災害時協力協定」を結んだり、その前からもつながりはあったようです。子ども未来館では鮭の受精卵もしくは発眼卵を受け入れて、飼育方法や生態についての講座を子ども向けに実施し、参加者が家庭で飼育活動ができるように支援していました。子ども未来館でも職員が孵化・稚魚になるまでの飼育管理だけではなく成長の記録をつけ、3月に那珂川漁協の協力を得て稚魚の放流をしています。2017年は発眼卵（約4000個）が届き3台の水槽で展示・飼育、12月27日の飼育講座で参加者の家庭に配布しました。

子ども未来館の職員に聞いたところサケの孵化と飼育のポイントは何点かあるようです。水温は15℃がよく、孵化までは積算温度で400℃程度になる（15℃だと20日から30日が目安）。水替えは3日ごとに全体の3分の1がよく、直射日光があたらないようにする。健康的な卵はオレンジ色で目がうっすら見えてくる。白くなり溶けているのは死んでいる可能性があるので取り除いた方が他の卵にとってよいとのこと。

発生が進むと卵の膜をやぶって仔魚が生まれます。稚魚になるまでは臍嚢（さいのう）と呼ばれるオレンジ色の大きな袋を抱えています。栄養の塊です。図27は仔魚が臍嚢がまだついた状態のものです。この袋がとれると餌が必要になります。飼育で注意するのは餌の上げすぎによる水質の悪化です。すぐ濁ります。水槽に対して稚魚が多いと大きさや色から育ちが早いのと遅いものが明確にわかります。3月になると育てた稚魚を故郷へ放流するために東京から茨城県城里町へ行きます。この移動は大変で、卵と違って動くものだからストレスを与えないように運ばなければなりません。

図27　サケの仔魚

育てて放流する経験をした子どもは大人になったとき、イクラ目的のために鮭の腹を割いて盗むということはしないでしょう。育てるという体験を一度することで手間がかかることや気にしていないとすぐ死んでしまうことを知ります。体で覚えるから生き物に対しての距離の取り方も変わると思います。

4　結婚したら子どもがいるのは当たり前？

私は自宅に友達などの来客があるとお茶かコーヒーを入れます。私が台所でごそごそと用意している間、毎度「この本すごくぼろぼろだね」と言われます。来客が待ってもらっている所の隣に本棚があります。この本とは『西欧中世史事典―国制と社会組織―』（ミネルヴァ書房、１９９７）で、私が大学生のときに買ったので10年以上経ちます。この本はドイツの大学でヨーロッパ中世史を学んでいる学生にとって入門書、教科書として知られているもので、日本の大学でも西洋史を専攻して中世の授業を取ると教科書や参考資料として読むことは多いです。たいていの方は目次に「部族」「従士団」「レーエン制」などがあるので「わかんないからいいや」と言って本棚に戻しています。数年前に社会学を専攻していた友達が目次を全部見て「これならわかるかも」と開いて読んでいたのが「家族」の章でした。国制と社会組織を取り上げたかたい本の中に「家族」がテーマだったから気になったのでしょう。すると、2時間ぐらい延々と2人で議論することになりました。そのきっかけが以下の記述でした。少し長いのですが要約しないでそのまま引用します。

結婚し、所帯を構えることは、中世ではすべての男女に可能であったわけではない。身分や経済的な理由で、所帯をもつことができず、独身のままで一生を過ごす者たちが非常にたくさんいた。自分の「かまど」Herd をもつ者の一員になるということは、一種の特権だったのである。このことは多くの下層民だけでなく、貴族や市民にもあてはまる。このようなわけで、既婚者は非常に高く評価された。既婚の男性は独身男性より上であり、既婚女性は未婚の若い女性や「オールドミス」alte Jungfer より上であるとみなされた。「夫人」Frau（*frowe*）という尊称は本来、「家長夫人」Hausherrin を意味し、比較的高い身分の既婚女性だけに使われていた。領主、都市参事会員、荘園の所有者は、所帯をもつことを社会から期待されていた。老いも若きも、独身者は社会の一人前の成員ではなかったのである。

2人の結論としては中世ヨーロッパの話なのに、「これは今後、日本でもあり得る話ではないか」と。「結婚し、所帯を構えることは、日本ではすべての男女に可能であったわけではない。経済的な理由で、所帯をもつことができず、独身のままで一生をすごす者たちが非常にたくさんいた。家庭をもつということは一種の特権だったのである」と言い換えることになる日は近いのではと。

今の世の中の状況を考えると可能性は高いです。結婚をしたいのに思ったより給料が低くて生活をしていくのが大変だから難しいと思っている方はいると思います。図28と図29は国立社会保障・人口問題研究所の出生動向基本調査（独身調査）をもとに作成したもので、未婚者（25~34歳）に

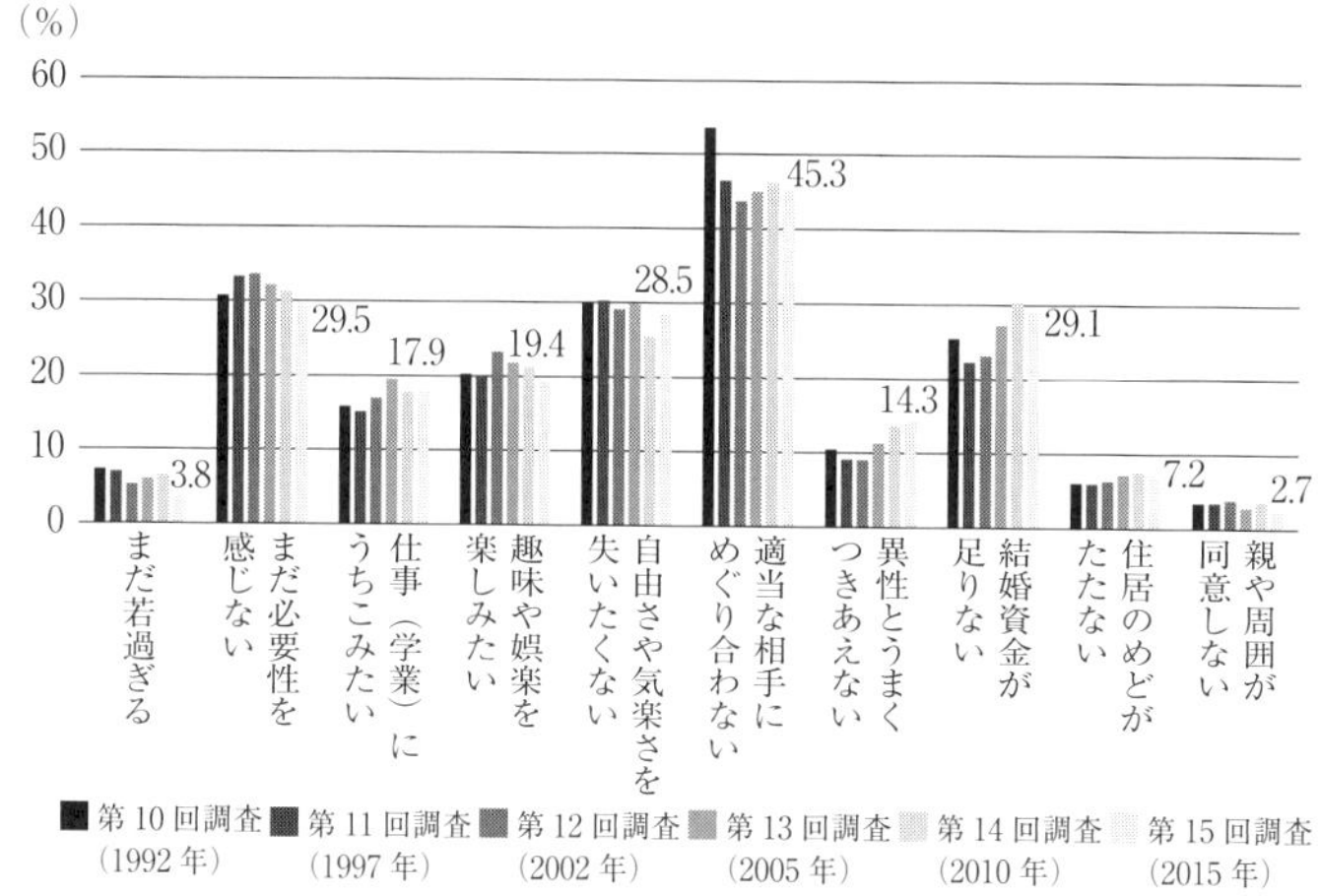

図28　各理由を選択した未婚者の割合（男性）

出典：国立社会保障・人口問題研究所「出生動向基本調査（独身調査）2015年」より作成

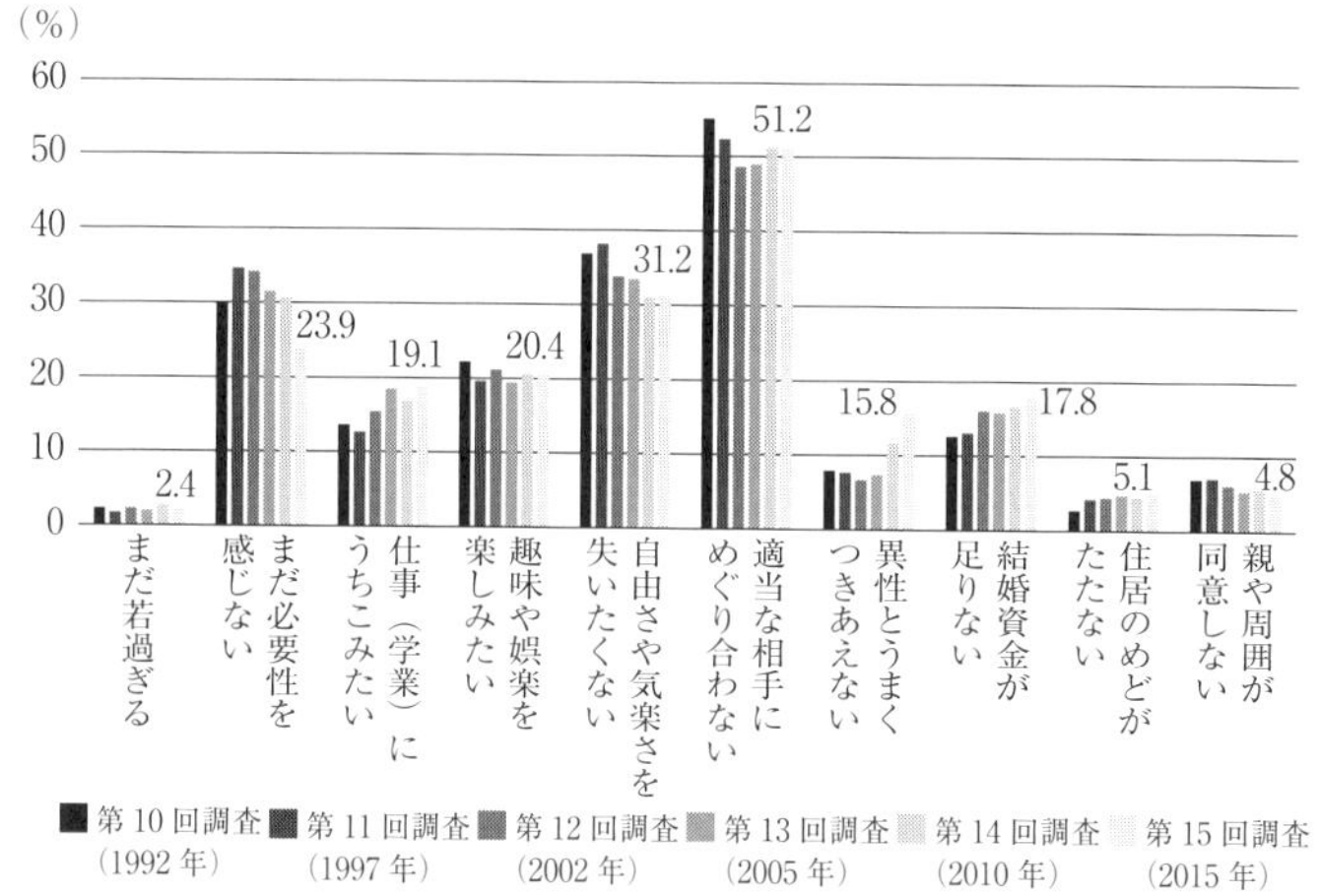

図29　各理由を選択した未婚者の割合（女性）

出典：国立社会保障・人口問題研究所「出生動向基本調査（独身調査）2015年」より作成

独身でいる理由を尋ねると、男性は「結婚資金が足りない」（29・1%）は3番目ですが、30%近くあります。女性は「結婚資金が足りない」（17・8%）は6番目です。男女ともに少しは資金的な理由はあるようです。ただ、両方とも「適当な相手にめぐり会わない」（男性：45・3%、女性：51・2%）が最も多いです。婚活と言う言葉が一般的になっていますが、図書館においても婚活イベントを行うようになっています。たとえば、図30は山口県の山陽小野田市立図書館で2018年6月に行った婚活イベントです。

図30　本で婚活、GO！
出典：山陽小野田市立図書館ウェブサイト

参加条件が①本好きであること、②未婚で20歳以上であること、③当日、好きな本を1冊持参のこと（※相手に貸しても良い本）とあり、図書館らしいです。参加特典のひとつに成立したカップルは、中央図書館で挙式ができる権利を得ることができます。

もう少し視点をあえて変えると私は結婚したら子どもが

当然のようにいるという風潮はあまり好きではありません。「こうあるべきだ」も場合によっては必要なのかもしれませんが、「こうもあるよ」という選択肢があって1度きりの人生を後悔なく過ごせればいいと思います。私の周りは両方いて、「結婚して帰省するのが毎回面倒」と言っている方もいれば、結婚していなく「自分のやりたいことだけに専念できていい」という感じで仕事をガッツリやっている方もいます。さらに、あえて子どもがいないようにしている方、体調のことがあって産めない方もいます。「子どもが産めないから結婚は諦めている」と言う友達もいます。いろいろな事情があります。それこそ中世ヨーロッパのように正当な相続人をつくることが結婚の目的だった時代とは違うのです。

けれども、子どもを育てるだけの収入がないから、子どもを産み育てることを諦めるというのは国が社会制度として積極的に対応した方がいいと思います。図31は国立社会保障・人口問題研究所の第15回出生動向基本調査（夫婦調査）の予定子ども数が理想子ども数を下回る初婚どうしの夫婦から妻の年齢別にみた、理想の子ども数を持たない理由を整理したものです。理想の子ども数を持たない理由としては、「子育てや教育にお金がかかりすぎるから」（56・3％）が２０１０（平成22）年の前回調査（60・4％）からは低下したものの最も多く、30〜34歳では80％を超えています。

ただ、施策には財源が必要です。とは言っても夫婦共働きで子どもがいなくそこそこの年収があるところに増税し、財源を作って支援しようとすると不公平感を煽るのでやめた方がいいと思います。たまに、フィンランドで「ネウボラ」と言われる女性の妊娠・出産から育児期間中まで一貫し

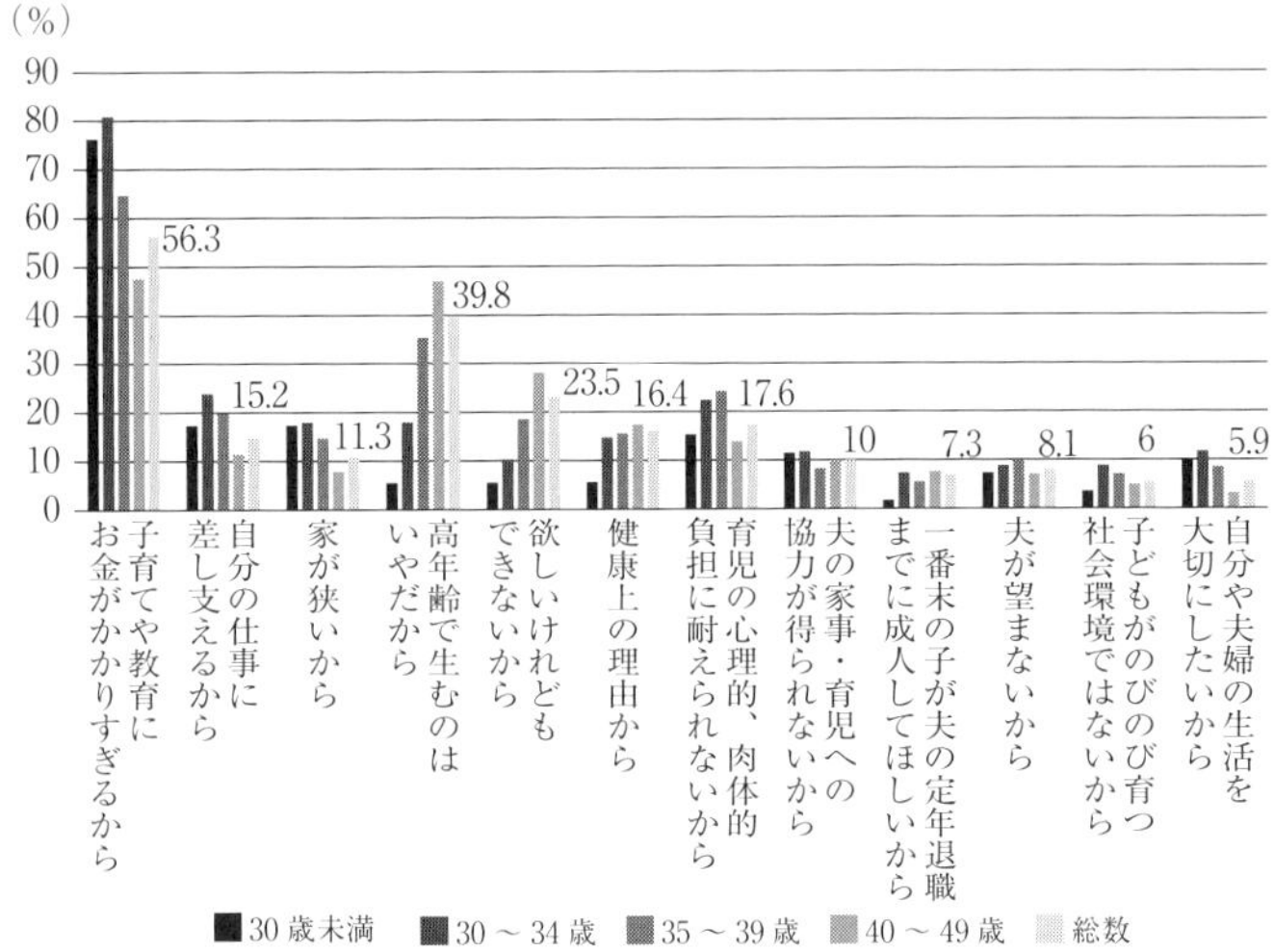

図31　妻の年齢別にみた、理想の子ども数を持たない理由

出典：国立社会保障・人口問題研究所「第15回出生動向基本調査（夫婦調査）2015年」より作成

て支援する体制をテレビや新聞で報じているときがありますが、フィンランドと日本では人口数が違うので単純に比較するのはやめましょう。フィンランドの人口は約５４９万人です。日本とは桁が違いすぎます。

５　自転車保険の次は

あるとき集中して自転車の事故と自転車保険について取り上げる情報番組が多かったです。あたかも自転車に乗るときは自転車保険に入るのが当然のような感じでした。新聞ではどうだろうと、一般的に知られている主要新聞と保険分野の専門紙について２０１０年から２０１７

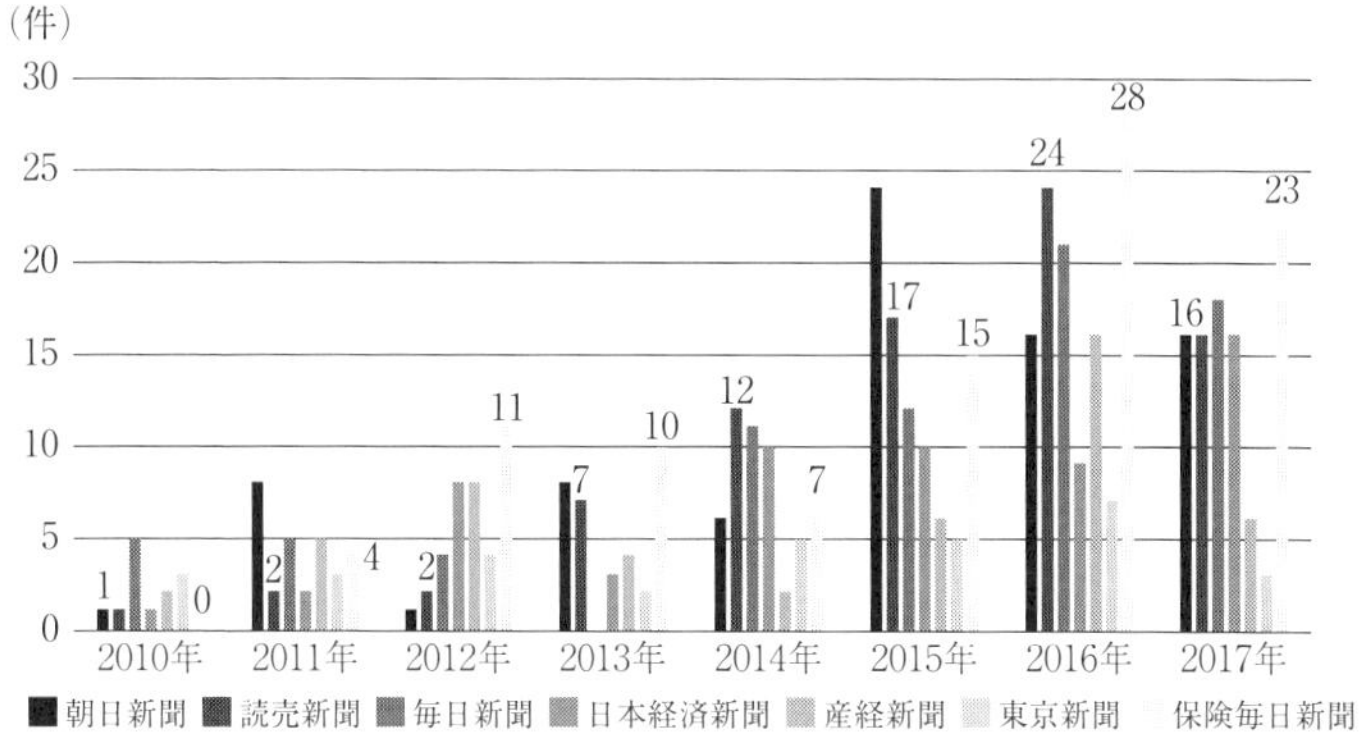

図32　自転車保険の記事件数

出典：各新聞記事データベース検索結果より作成

年まで検索して整理したものが図32です。保険毎日新聞では２０１０年は０件でしたが２０１７年までの記事件数の合計は98件になり一般紙よりやはり多かったです。一般紙で８年間の合計が一番多かったのは読売新聞の81件でした。全体的に２０１５年を境に記事件数が多くなっています。２０１５年10月１日に兵庫県では全国で初めて自転車利用者に自転車保険の加入を義務付ける条例が施行され、自転車保険の加入を義務付ける自治体が増えつつあります。自分が今住んでいるところはどうなのか調べてみましょう。義務付ける動きがあるのは加害者になったときの賠償額が高額になるからです。

一般社団法人日本損害保険協会のウェブサイトには自転車での加害事故例として判決容認額（裁判における判決文で加害者が支払いを命じられた金額）と事故の概要の表があります。最高額だったのが、９５２１万円で事故の概要は「男子小学生（11歳）が夜間、帰宅途中に自転車で走行中、歩道と車道の区別のない道路において歩行中の女性（62歳）と正面衝突。女性は頭蓋骨骨折等の傷害を負い、意識が戻らない状態となった。（神戸地方裁判所、平成25（2013）年7月4日判決）」と。高額な判決認容額を情報番組で示されると「あっ、今すぐ自転車保険に入らなきゃ大変」と思ってしまうのも理解できます。

Googleで自転車保険と入力して金融商品を比較する場合があるでしょう。

しかしながら、いきなり検索をする前に現在契約をしている自動車保険や傷害保険などの保険証券を確認してみるといいと思います。特約で入っている場合もあります。補償の範囲によってどうしたらいいのか考えてみてはいかがでしょうか。

なぜ、私が自転車保険について思うようになったのか。仕事で自転車を使っていたからです。私が2013年の4月に篠崎図書館と篠崎子ども図書館の館長になったときに交通手段として自転車を買って雨や強風でなければ徒歩ではなくママチャリ自転車で移動しました。図33は使っていた自転車です。両館の距離は約1キロあり、徒歩で私は13分かかります。自転車では7分あれば到着し、荷物もそれなりに運べます。江戸川区は平たんな道が多く、とくに篠崎エリアは区画整理が進み道はまっすぐで自転車ですいすい進みやすいです。電動アシスト自転車の必要はありません。港区や文京区は坂が急なので電動アシスト自転車でないと大変だと思います。電動アシスト自

図33　篠崎図書館と篠崎子ども図書館の往復に使っていた自転車

転車は重たく、倒れそうになるとそのまま倒れる確率が高いです。ちなみに私は仕事以外では自転車に乗ることはなく、今は乗る機会はありません。

篠崎駅周辺では子どもから年配の方まで多くの方が自転車に乗っている姿を見ます。自転車に乗っていると横から突然自転車が横切ったりしてひやっとすることはありました。怖いのは正面から子どもを前と後ろに乗せてすごいスピードで走っているママチャリです。自転車は歩道を走っているのであれば車道側を走るのが普通で、私はそうしています。そのママチャリは歩道の真ん中をすごいスピードで走っていて歩行者がいたのでよけて私の方に向かって走っています。私は後ろを見て車やバスがいなかったので右にそれて車道に出ました。ママチャリはそのまま走って行きました。普通に考えれば私がそれた方がいいのですが、どかない人だったらどうしたのかと思います。5年間のうちに不思議だったのは、私が先にそれているのになぜか同じ方向に寄って接触しそうなことはよくありました。

バス、タクシー、自家用車にドライブレコーダーを設置する人が増え、事故の映像がテレビのニュースで映されていることがあり、私も「もしも」ということを考えて自転車用ドライブレコーダーがそもそもあるのか調べてみたら売っていました。これがあればどちらに落ち度があったのかわかります。ただ、私は『こちら葛飾区亀有公園前派出所』の両津勘吉のようにものすごい速度でペダルをこぐことはなく事故を起こすことはないだろうと思ったのでつけませんでした。私は自転車保険の話はわかりますが、それよりも大人も自転車を乗るときはヘルメットをかぶった方がいいと思います。これからますます高齢者は増え、高齢者が道を歩いていたり、自転車に乗っていることは日常風景。歩行者が歳を取っていると簡単によけるのは難しく転倒します。自転車に乗っている高齢者も歩行者をよけるのによろよろして転倒し、とっさに手で頭も守ることは困難で、頭を強打するでしょう。条例で自転車保険義務化よりヘルメット着用義務化の方が先だと思います。そうなると、気軽に乗れるはずの自転車だったのにヘルメットが面倒で自転車を使う人は減るかもしれません。

私は保険会社に勤めているわけではありませんが、自転車保険のように金融商品は気になります。時代の先取りをしているからです。ネーミングセンスあると思ったのは郵便局の学資保険です。今では学資保険は他でも売っていますが、私の親も私用に学資保険を契約していました。孤独死保険というものも今はあります。「インシュアランス」という生保・損保業界の動向がわかる週刊新聞を見ると各社の動きがわかっておもしろいです。2018年4月19日には「ウーバーの事故が残した教訓」としてアメリカで3月に自動運転中に起きた死亡事故についての記事があります。新聞を読んでいると私たちが知っている保険会社の後ろにある再保険会社も今後、目が離せないと思います。とは言っても、私たちが直接再保険会社の金融商品を買うことはありません。巨大地震、竜巻、洪水などの自然災害や巨大タンカーの事故があったときに保険会社が支払いで資金をショートしないように保険に入っています。保険会社の保険で再保険と言います。イギリスのロイズ、ドイツのミュンヘン再保険、スイスのスイス・リーが有名で、スイス・リーは新聞を読んでいる方ですと今年、ソフトバンク・グループによるスイス・リーの一部株式取得に向けた協議がありましたが、決裂したので名前は知っている人はいると思います。保険会社の動向を軽く知るだけで、保険会社がどう時代を予測しているのか少しわかります。

6 F1グリッドガール廃止

私は自動車レースのF1（エフワン）が好きです。F1を見るようなきっかけになったのは日本テレビ系列で放送されていた「とんねるずの生でダラダラいかせて!!」（1991年10月から2001年3月まで）でアイルトン・セナや、ナイジェル・マンセルがカートに乗って走っている姿を見たからです。今となってはなかなかできない企画だったと思います。ここ数年は開催レース数が増えてきているので毎回見るのは大変になりつつあり、2018年は21戦、10年前の2008年は18戦です。土曜日に予選、日曜日に決勝があり、ヨーロッパで開催だと日本時間の21時か22時からはじまります。フジテレビ系列では2011年までは地上波放送していました。月曜日の朝は眠かった方はそれなりにいたのではないでしょうか。地上波で放送しなくなったのでそもそもF1を知らない若者は増えていると思います。

2018年2月1日に「2018年からグリッドガールの廃止を決定」というネットニュースを

見ました。理由はグリッドガールが女性差別を助長している、現代社会の規範と全く矛盾していると感じると。私は新聞ではどう触れているのか気になって、図書館に置いてある新聞を手に取りました。一般紙で早かったのは2月1日の読売新聞夕刊で、「レースクイーンやめます　今季F1」という見出しでグリッドガールが3月開幕の今季から廃止されることが発表されたことを報じています。記事の大きさとしては小さいです。次に朝日新聞が2月2日朝刊（大阪版）で「消えるF1レースクイーン」という見出しで記事があり、読み進めると「グリッドガールは、日本でレースクイーンとも呼ばれる女性モデルのことで、ピットやスタート前のスタートグリッドで、チームスポンサーの広告塔になっていた」と。読売新聞と朝日新聞以外の一般紙を見たところ2日の時点では記事がありませんでした。スポーツ紙ではスポーツ報知が2月2日に「レースクイーンF1から消える」という見出しが大きくあり、同日のサンケイスポーツでは「F1レースクイーン廃止」という見出しでした。他のスポーツ紙では記事がありませんでした。このときに思ったのは2つあり、ひとつは報じている新聞が減ったこと。もうひとつは「グリッドガール」と「レースクイーン」という言葉です。おそらく10年前に今回のことがあると取り上げる新聞は多かったと思います。それだけ、新聞社としてはF1に対してのニュースの重要度は下がったんだと思います。2月7日以降にグリッドガールからグリッドキッズを導入することを報じた新聞はありました。

もうひとつは「グリッドガール」と「レースクイーン」という言葉についてです。多くの辞事典、叢書、雑誌が検索できる辞書・事典サイトJapanKnowledge（ジャパンナレッジ）を使って

「グリッドガール」と入力して検索すると結果は0件でした。「レースクイーン」と入れると3件ヒットしました。

1. デジタル大辞泉
《(和) race + queen》自動車レースで、スポンサーの広報活動をしたり、優勝者に花束や賞品を渡したりする女性。

2. 情報・知識　imidas 2017
[race queen〈日〉]【競技・運動】自動車レースで、スポンサーの広報などを行い、レースに彩りを添える女性。

3. 現代用語の基礎知識　2017
自動車競走の後で勝者に花や賞を渡すコンパニオンの女性。

このことから日本では「グリッドガール」イコール「レースクイーン」のようです。とは言うものの、F1でいう「グリッドガール」と日本国内で行われている自動車レースの「レースクイーン」は少しニュアンスが違うような気がします。日本の方が衣装が派手です。
フジテレビのF1グランプリの解説でおなじみの小倉茂徳さんが2017年に出版した『F1語辞典』には「グリッドガール」の項目はありません。「グリッド」「グリッド降格」の項目はありましたが。

私はそんなにF1でいう「グリッドガール」は気にしていませんでした。テレビの中継が始まるとレース直前の映像が映し出されてグリッドガールが車の近くでそれぞれのドライバーの番号が入ったボードを持って立っているのを一瞬見ます。ドライバーとエンジニアが何か話し込んでいる姿とか有名な女優さんがどこのチームのガレージに見に来ているのか様子が映し出され、すぐレースが始まります。レースが終わると1位、2位、3位のドライバーは所定のところに駐車して降りた後に体重を計測して表彰式が行われる場所に向かいます。そのときにグリッドガールが並んで拍手でドライバーを迎えていますが、ドライバーはすぐ通り過ぎます。表彰式が始まるまでドライバーたちは水を飲みながら喜んでいたり、言い合っています。テレビを見るだけではグリッドガールはそんなに見えません。実際にサーキット上に行ってレースを見たこともありますが、グリッドガールを見かけたことはレースが始まる前だけです。

こうして私は特段グリッドガールを見ているわけではないため、廃止がいいのか悪いのかわかりません。ただ、廃止に対して反対を表明している元ドライバーや「女性から仕事を奪っている」とグリッドガールが言っていたりなかなか難しそうなテーマだと感じます。2033年にはチアリーダーも今回のF1のように「今となっては社会規範と矛盾している」としてなくなるのかもしれません。日本でいうレースクイーンから芸能界に入った方は何人かいます。今回のF1のことで元レースクイーンの方は特にコメントはしていないのですが、日本の自動車レースもレースクイーン廃止の方向になると、何かコメントはするのかもしれません。海外の流れが日本に入ってくることは十分あるので「F1見てないから知らないや」ということはないと思います。

7 F1ベルギーグランプリ

F1ベルギーグランプリはスパ・フランコルシャンというサーキットで行い、あまりF1を知らない方がテレビで見てもレースの醍醐味を感じることができるでしょう。車が一斉にスタートしたら短い直線を走ってすぐ右折します。ここで接触して壊れる車があります。その後、無事に通り過ぎるとオー・ルージュと言われる急な上り坂を進み距離が長い直線があってここで車を抜いたりします。ベルギーグランプリといえば1998年にスタートしてすぐに12台の車が接触してレースが中断したこと、2000年のレースでミカ・ハッキネンがミハエル・シューマッハを抜いた場面は有名で、Google で検索すればすぐヒットします。

図書館ではF1のように来館者同士の多重クラッシュはないのですが、F1のレーススタートのような独特の緊張感があるときはあります。それは開館直後の新聞の取り合いです。いろいろな図書館で働きましたが朝刊を楽しみに入口に並んでいる人は多く、扉が開くと新聞が置いてあるところに走って新聞を綴じているバーをすばやく取っています。同時だったのかわかりませんが言い合いながらお互いに引っ張っているときもあり、叩き合っていることもありました。あるとき他の図書館で新聞の話をしているときに「図書館の新聞コーナーはＦ１の１コーナみたいですよ」と言うと「あぁ、パチンコと一緒」という感じで、私はパチンコはやったことはないのですが、目当てのパチンコ台に向かって走るのは一緒のようです。でも、どのパチンコ台がいいのか最初にわかるのだろうか。

２０１３年4月に篠崎図書館と篠崎子ども図書館に着任したときに篠崎子ども図書館では朝から並んでいる人はいなかったので新聞の取り合いはありませんでした。篠崎図書館はだいたい10名が入口に並んでいます。ただ、他の図書館と違うのは２つありました。ひとつはならんでいるお客さんは見た感じ60歳以上が多く、もうひとつは入口入ってすぐ左に新聞が置いてあり、ソファーで読めるようになっていて図書館の外からその様子がわかるようになっています（図34）。私の前の館長はやっていなかったのですが私は朝の扉を開けるのをいつも行っていました。ガラス扉なのでちゃんとならんでいるのか、ならんでいないのかわかります。扉を開けるとお客さんが、新聞を取るために左に曲がり目当ての新聞を手にしてすぐ近くにある赤いソファーの席に座ります。あるとき、初老の方がショートカットして新聞を取ろうとしていたので、翌日からは近道できないようお客さんから見て左側に立っていました。篠崎図書館はこれまでにいた図書館とは違って閉じているバーを取り合うまでの激しい競争はありませんが、たまに取りそびれて「ちくしょ」と言っている方がいました。

図34　篠崎図書館の外から見た館内の様子

5年も毎朝の開場をやっているとハラハラすることが月1回あります。それは新聞休刊日のときです。実は新聞休刊日はあらかじめ決まっており、2018年の休刊予定は2017年の秋にはわかります。私は「今日は新聞休刊日なんだけど」と思いながら開けるといつものように急ぎ足で向かっている方を見ます。「あっ、今日はないんだ」と聞こえてきます。残念がっている方は多いです。やったことはないのですが、「明日は新聞休刊日です」と張り紙を貼ると並んでいる人は変わるのか変わらないのか気になります。

入口に並んでいる人の移り変わりは感じます。ずっと並んでいる方もいれば新しく先頭にいる方もいます。常連さんレベルになると扉が開くまで1番、2番、3番目に並んでいる方が談笑しています。時間になって私が開けると談笑が終わらなくて4番目に並んでいた方が先頭に出て目当てのスポーツ新聞を手にしています。ガラス扉なので二人でそれぞれどの新聞を取って後で交換するような話も1度聞いたことがあります。頻繁にやっていると「談合禁止」と言おうと思ったのですが。5年間F1やパチンコのように熾烈な競争がなくてよかったですが、2033年までには新聞を家庭で定期購読するのが難しくなり、それまでの読者は図書館に行くことが増えるため、新聞の取り合いがある館もあるでしょう。

8 餃子の王将

みなさんは餃子の王将に行ったことはありますでしょうか。私は1度行ったことがあります。餃子の王将は中華料理チェーンで、図書館で働いている方にとっては有名です。新聞の取り合いと同じくらい定番です。といいますのも新聞の朝刊に餃子の王将の無料券がついており図書館に置いてある新聞が切り取られることがよくあるからです。1日と16日で、今は読売新聞と朝日新聞で、どの新聞なのか、ということは変更があり、たまに餃子の王将のサイトを見て確認しています。私の記憶では前までは「餃子試食券」だったと思います。今は「餃子半額券」です。それでも図書館によっては切り取られる被害があります。

それぞれの図書館では1日と16日になると図書館を開ける前に図書館員が朝刊をぺらぺらめくって餃子の王将の券があるところを探し、発見したら切り取られないように少し加工します。これは図書館によってまちまちで、フィルムのようなものをはったり、館名のスタンプを券に押します。そうすれば普通に考えると切り取りはないはずですが切り取られることがあります。残念です。私がいた篠崎図書館と篠崎子ども図書館ではほとんどありませんでした。

真面目に考えるとこれは器物損壊罪になります。図書館で新聞の切り取りは他の記事でもあります。宝くじの結果も狙われるときがあり、以前、ある新聞社の記者に図書館でこんなことありますと言って切り取られたものを見せたことがあります。そしたら、その裏側は、その記者が記事を書いていたようで、けっこう残念がっていました。切り取ったり加工したい場合はご自身で買ってもらうのが一番です。図書館にある新聞、雑誌、本は税金で買ってみんなで使うものです。自己中心的になるのはやめましょう。もし、図書館にいるときに切り取ろうとしている人がいたら近くの図書館員にお声がけください。ご本人が注意するとトラブルになる可能性があります。図書館によっては警察に通報しています。図35は新宿区立中央図書館で、文庫本をカッターで切り抜いている男性を警備員が発見し、区職員が通報し新宿警察署により現行犯逮捕されたことを新宿区のウェブサイトで記しているものです。

2033年までには図書館で買う新聞は電子版になって大きいタブレットで見るようになる館もあるでしょう。愛知県の安城市図書情報館では紙媒体の新聞もありますが、50インチの大きなモニ

図35　中央図書館資料の破損被害について

出典：新宿区ウェブサイト

ターで電子新聞を読むことができます。朝、通勤電車に乗っているとタブレットやスマートフォンで日経を読んでいる人を見ます。50インチのモニターでなくても大型のタブレットで新聞が読めれば、新聞の切り取りはなくなり、文字が小さいと思ったらルーペを使わなくても簡単に大きくでき、新聞をめくる音がうるさいということで来館者同士のトラブルはなくなるでしょう。図書館で働いている職員にとっても朝、新聞がバラバラにならないようにホッチキスでとめたり、図書館名の印を押したりする作業がありますが、それがなくなることは大きな省力化です。大雨で新聞が濡れて納品されることがあり、乾かすのが大変なときもあります。世の中の動きに合わせて図書館に置く新聞は電子版にした方が利点があると思います。

9 図書館長は金持ちと思われている

図書館の館長で困ったことは勧誘の電話です。よくわからない業者から電話がかかってきます。最初に電話を取った職員はよくわからなく「館長宛にきてますけど」と言うので私がそのまま相手と話をします。このときのポイントは「お電話代わりました」と言います。私が知っている人なら「お電話代わりました。吉井です」と言います。「お電話代わりました」と言うと「館長さんですか」というのでここでも名前を名乗らず「そうです」と言います。そうすると、「今後の老後のための資産運用としてワンルームのマンション投資が……」と一方的に話しています。私は受話器を持ちながら「はぁ、はぁ」しか言いません。「そろそろ終わりにしよう」と思ったら、「すいません。私の名前知っていますか?」と切り返すとあちらは「えっ」となります。「私の名前がわからないのに突然、勧誘の電話するのは営業としてどうなんですかね。ちょっと調べればわかるのですが」と言うとうろたえてあちらから話を終わらしてくれます。

マンション投資の勧誘電話でよく言われた地域は東京都の豊洲とその周辺です。2020年に東京オリンピック・パラリンピックが開催予定だからでしょう。私の名前までちゃんと調べていたしつこい営業さんは一生懸命「豊洲は回収できますよ」「家賃収入で老後は安泰ですよ」と連呼します。そんなとき私は「○○新聞によると豊洲は……」と言います。営業さんは「えっ、○○新聞ですか」と聞き返してきます。「そうです。○○新聞にそう書いてあったんですよ。もう少し勉強した方がいいです」と言って終わります。業界紙や専門紙を読んでいないのかなと思うことがしばしばありました。拙著の『仕事に役立つ専門紙・業界紙』（青弓社、２０１７）の後ろのリストを紹介したかったのですが、そんなことを言うとまた面倒なことになります。たとえば、２０１８年４月９日『週刊住宅』では「主な沿線駅別の新築・中古マンション利回り ⑲東京カンティ調べ２０１５年1月〜２０１７年12月」という見出しで駅別に表があります。東京メトロ有楽町線の豊洲駅の新築マンションの利回りは４・３６％、月島は４・８１％、東池袋は５・５％でした。いろいろ情報は収集しておいた方がいいです。

次に多かったのが保険の勧誘で、生命保険が多かったです。私はまだ、死ぬ確率は低いのに。おそらく電話する前にちゃんと調べていなかったのでしょう。年配の人が図書館の館長をやっていると思ったのでしょう。図書館のリストがあって機械的に電話していたのでしょう。マンションの勧誘より保険の勧誘の方がしつこかったです。保険の方は同じ方が3回も電話してくることがあり、「○○新聞によると……」という感じで業界紙や専門紙で書いてあったことを話すと「そうですか」という感じで終わることがありませんでした。しまいには「一度伺って挨拶にでも」と言います。こうなってはますます面倒なので、「いらないと断っているのに。しつこいので今から通話を録音して消費者庁にチクるぞ」と言うとやっと終わります。

仕事で他の図書館に行くと館長から「最近、マンションの勧誘多くないですか」と聞かれることがあり、「私は2日続けて違う会社からあった」という感じで会話が進みます。結論として「図書館の館長は金持ちと思われているのでは」と。みなさんが思っているより給料は高くないと思います。

もし、業界紙や専門紙を読んでいなくても事前にちょっと検索すれば私がそもそも勧誘されて買うことはないだろうと思うでしょう。Google の検索バーに篠崎図書館長と入力すれば私のだいたいの年齢と名前くらいはわかったのに、時間がもったいなかったと思いますよ。

10 居酒屋に子どもがいたら

私は居酒屋に入ったときに入り口やお店のサイト等で「子ども可」と表示がなくて店内に子どもがいるのはまだ少し違和感があります。「あれ、ここは子ども可の居酒屋だったか」と。

江戸川区の図書館は毎月第4月曜日が休館日になり、篠崎図書館と篠崎子ども図書館では基本的に職員は全員出勤にし、年に数回それぞれ篠崎駅近くの居酒屋で飲み会をします。全員参加となっても店を貸切にできるわけでもないため他のお客さんもいます。

あるときに居酒屋の扉を開けたら5歳くらいの子どもがてくてく歩いていました。トイレから出て席に戻ろうとしていたけど席がわからなかったようです。私は普段から一番端の通路側の席に座っています。お酒の注文を頼みやすいしお会計をしやすいからで、この日も通路側に座っていると私たちの席の近くにあの子どもがいました。どうやら家族で来ている様子でみんなで大皿にドン、と乗っているオムライスを食べていました。お父さんが「これ食べ切れるかな」と言いながら子どもふたりはいっきにほおばって、お母さんは「飽きるから他のを食べたいけど、残しそうだし」と言っていました。ここの居酒屋のオムライスは大皿山盛りです。

違う月に他の居酒屋に行ったら後ろの席には3家族が子どもと一緒にいて、保護者たちは大きな声でビールを飲みながら話していて子どもたちは端っこでおもちゃで遊んでいました。このとき、私の隣に座った館員が「子どもがいますね」と言ってたのを聞いて私の感覚はおかしくはないなと。私たちが店に入るとそれなりの人数ですので奥の座敷を案内されるのですが、たいてい先に来ているお客さんがいます。

数年前にファッションモデルの山田優さんが長女を連れて夜の居酒屋を訪れていることが話題になり、私はあそこまで盛り上がるのが異常だと思います。芸能人と言っても他人のことなのにネット上でボコボコにされるのは恐ろしいです。もちろん賛否はそれぞれありまして、おそらく今も一般的には飲み屋に子どもがいるのはどうなのかと、疑問に思う方が多いのかと。単純に酒を飲む場所は大人の場所で子どものいる場所ではないということです。別の見方をすると、たまにはファミレスではないところでご飯を食べたりお酒を飲みたいと思うのはわかります。ちょっと息抜きしたくなるのも当然です。ファミレスの椅子だと子どもが滑り落ちる可能性があるし、子どもは走りまわるから座敷がある居酒屋が便利というのもあるでしょう。あまり日本では行われていないと思うのですが、子どもを家でお留守番させているとき、食材の買い物に行った帰りにスーパーのビニール袋を持って居酒屋で一杯飲んでみるのもたまにはあってもいいのかもしれません。毎日はどうかと思いますけど。子育てをしていると息が詰まるようです。それを著名人がやるとネット上で「子どもを預けて飲みに行っている」と騒がれる可能性があります。

私はお店のコンセプトをちゃんと示すときがきたと思います。最近、食べログなどのグルメサイトに「特徴・関連情報」に「お子様連れ」の項目があり可・不可がわかるようになりました。グルメサイトを使っていないお店でも「子ども不可」や「子ども可」と表示していた方がいいと思います。そうすればお客さんはお店を選ぶときに参考になりますし、「あれ」という違和感がなくなります。大人の中には子どもが苦手という方もいます。サクッと飲みに行こうとお店に入ったら子どもが走っていたりして「こんなはずではなかったのに」と思うこともあるでしょう。お店に対する印象や期待も変わるでしょう。もしかしたらもう行くのをやめる可能性があります。表示されていれば最初から行かなかったでしょうし、それを承知のうえで行きます。

「子ども可」と明示されていれば子どもがいてもいい店なんだということで行くこともあると思います。その家族は他のお客さんから白い目で見られることはなく気軽に食事を楽しむことができます。もしかすると他の子連れのお客さんと仲良くできるかもしれません。お店としてコンセプトをはっきりさせると売り上げの増減のリスクがあるなら、たとえば平日は子ども不可、土日は子ども可とするのはどうでしょう。

11 人工知能（AI）というけど

テレビや新聞、雑誌で人工知能、AIという言葉をよく見るようになりました。データベースの日経テレコンで2017年1月1日から12月31日まで人工知能の記事を検索したところ4881件ヒットし、同様に1年前は2659件ヒットし、表12はそれらの内訳を示したものです。日本経済新聞朝刊と日経産業新聞によく人工知能のことが取り上げられていることがわかります。

みなさんの職場では人工知能は入る予定でしょうか。それともまだまだ遠い先の話でしょうか。人工知能（AI）を入れて仕事をしたことがある人とそうでない人で人工知能（AI）に対する認識は今はギャップがかなりあると思います。私は少しだけ人工知能（AI）を経験しましたが、感想としては使えるまでに作りこむのが大変で、その後の修正もありまだまだ使いこなせるまでに時間がかかると思います。拙著『29歳で図書館長になって』（青弓社、2015）でロボット司書のことを書きましたが、実際にやってみてもう少し汎用性を持つにはまだまだです。企業の宣伝やマスコミが報じている内容を見るとあれもこれもいろいろできそうな感じですがまだ、手がかかって大変です。「これはデモンストレーション用だな」と思った方がいいです。いっきに仕事が人工知

表12　人工知能に関する新聞記事件数

日経各紙	2017年件数（件）	2016年件数（件）	増減（2017年－2016年）
日本経済新聞朝刊	1,836	1,096	740
日本経済新聞夕刊	256	204	52
日経産業新聞	1,894	1,034	860
日経ＭＪ（流通新聞）	287	126	161
日経地方経済面	606	192	414
日経プラスワン	2	7	－5
合計	4,881	2,659	2,222

出典：「日経テレコン」より作成

能（ＡＩ）で済むということは今はないです。

私がいた江戸川区立篠崎図書館では２０１６年７月26日からソフトバンクのPepperを導入しました。３月29日に私の携帯電話に上司から着信があって「Pepper置きませんか」とお誘いがあったので５月13日に打ち合わせを行い、以後コンテンツを作成して７月25日にPepperを篠崎図書館へ搬入して動作確認をして翌日、運用開始しました。私だけではできないので、図書館流通センター、グローバルソリューションサービス株式会社、エクスウェア株式会社のそれぞれの担当者とよく打ち合わせを行いました。このときにIBM Watsonと連携したQ&A自動応答サービス「TalkQA」を活用し、館内でよくある質問の回答をPepperが行えるようにしました。Pepper本体にはデータベースは入っていなくクラウド上にデータはあり、話しかけられたことをPepperは理解してクラウド上で処理をして応答する仕組みです。Pepperが最初から人間のように勝手に答えることはできないため、人間が想定問答集を作らないといけません。最終的に１５００語程度のワードを集め会話データベースをそれぞれの担当者でよく話をして作り上げました。

たとえば、来場者がPepperに「本はどのくらい借りられますか」や「雑誌はどのくらい借りられますか」と聞いたときにPepperが「本は、1枚のかしだしけんにつき、雑誌と合わせて10冊まで借りることができます。貸出期間は2週間です」と話して回答します。したがって、このデータベースに入っていないことを聞かれてもPepperは回答できません。最初はPepperに対して「何歳ですか」「男の子ですか」といったPepper自身について聞かれることが子どもからありましたので、「図書館に関する質問」として図書館を利用するにあたって聞きたいことを尋ねてもらうようにしました。

来館者がPepperに「かしだしけんは誰でも作れますか」と言うと、Pepperは「かしだしけんを作ることができる人の条件はこちらです」と言ってお腹にあるモニターで利用登録条件をまとめた表を出します。「かしだしけんを作りたいのですが」と聞かれるとPepperは「カウンターで利用登録をお願いします。利用登録するには、保険証など、お名前、ご住所、生年月日が確認できる書類が必要です」と言ってお腹にあるモニターに本人確認書類として使用できる書類の例を出します。実際にPepperが話す文言とお腹のモニターに表示するものをつくらないと相手にうまく伝わらないのです。

もちろん、問い合わせた内容に対して違った回答をすることがあります。1カ月に1度の割合で関係者が集まりログを分析し、聞かれたことに対して適切な回答をしたのか検討します。データの追加、変更、場合によっては削除をします。これを繰り返して正答率は高まっていきますが思ったより大変で、回答がスムーズにできるように学習データをしっかりつくらないといけません。多くの方が思っているのですが、自分が持っているデータをＡＩに投入すれば、勝手に学習して、賢くなると思うでしょうが、今はできません。自動的に学習はしません。

少し話はそれますが、篠崎図書館では Pepper を使って来場者が話しかけて本の検索ができるようにしました（図36）。館内には本を検索する機械はありますが、駅の券売機と一緒でタッチパネルの操作がうまくいかない人もいます。また、篠崎図書館は高齢者の利用が多いため話しかける方が検索しやすい場合もあるのではないかと想定し、篠崎図書館にある本に限定して、話しかけて本の有無がわかるようにしました。１冊の本に内容紹介が入っている場合は Pepper が読みます。

他には Pepper を使って閲覧席の受け付けなどいろいろ行いましたが試みると少し起動がうまくいかないことはありますが、ソフトバンクロボティクスの技術員が図書館に来てくれたり、各社対応のおかげで実証実験が進みました。

よく言われる人工知能（ＡＩ）ですが、一般的な人工知能（ＡＩ）の適用領域は３つです。①話し言葉や文字の意味を解釈できる。②数値のパターンを読み取り予知や検知ができる。③画像の意味を理解し仕分けや整理ができる。各業界でどれがいいのか考えて研究しています。私が「人工知能を使って何かをやるって実際の作業は大変ですね」と言うと一緒にやっているエクスウェアの担当者が「人工知能には、強いＡＩと弱いＡＩという切り口で分類することができます」と。いわく

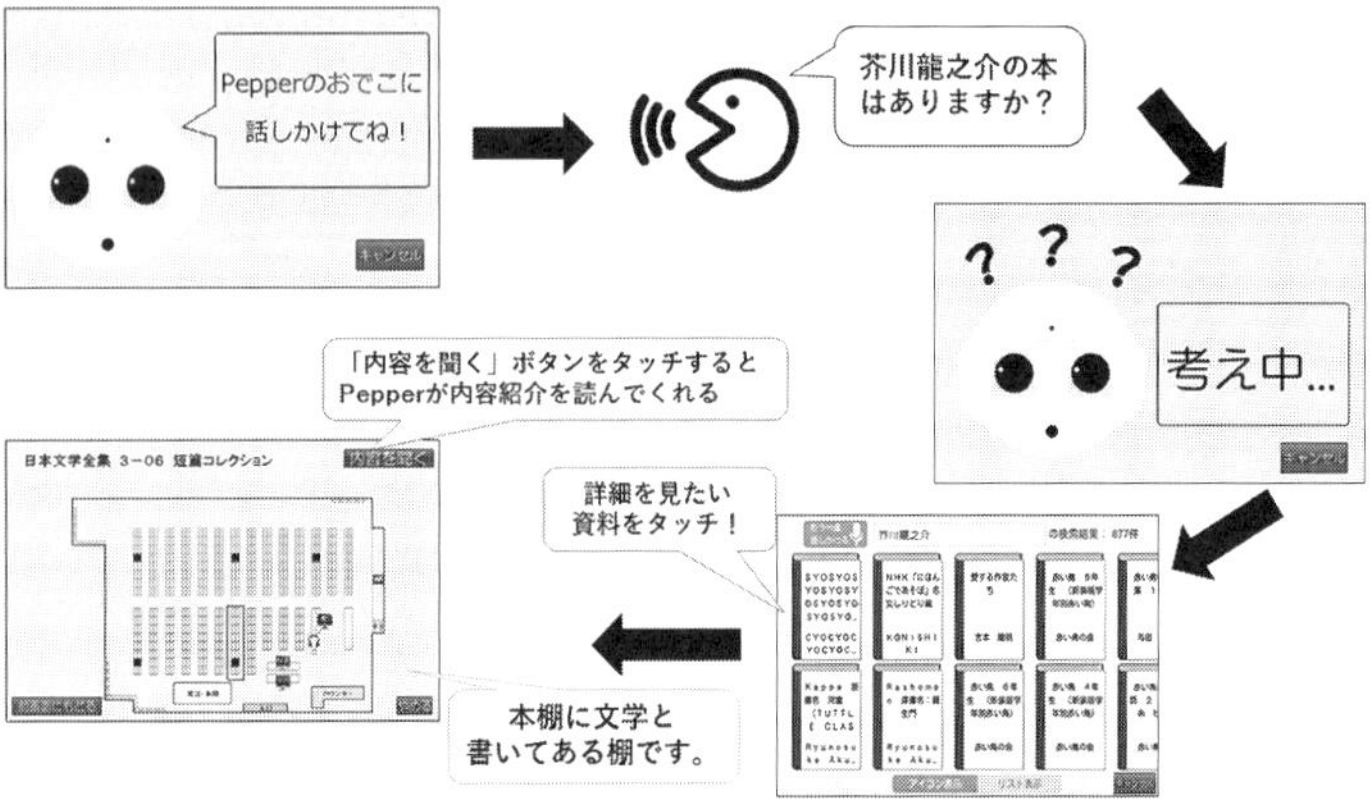

図36　音声蔵書検索機能の概要

「強いAIは、ドラえもんや鉄腕アトムに代表される、まるで人間と変わらない頭脳をもっている。弱いAIは、alphaGoやWatson、そのほか今AIと売り出されているものすべてだと思います」と。確かに強いAIは、自意識を示したり、認知能力を持ったり、人間知能のそのもので、まだ研究段階だし、本気で研究している人たちはいても、まだまだ現実的なものではありません。ただ、シンギュラリティというキーワードで、メディアで騒がれているから強く印象に残っています。シンギュラリティはデータベースのジャパンナレッジで検索すると「プログレッシブビジネス英語辞典」には次のように書いてあります。「技術的特異点（コンピュータの知能が発達して人間の知能を追い越す時点をいう未来学の用語。Ray Kurzweil は2045年を予想している）」。私たちがアニメや漫画、映画で人工知能の完成形を知っているため、今の人工知能（AI）の実力はまだまだなのでギャップが生まれています。

今後、それぞれの企業で人工知能（ＡＩ）の活用を考えると思います。最初、思ったより制約が多くてたいしたことないと思いますが、それで終わってしまっては前に進みません。いろいろ実証実験することでよりいいものができます。15年後の２０３３年にはコンピュータが子どものときから身近にある世代が企業や組織の中堅的な立場になり、今より落ち着いて人工知能（ＡＩ）が活用されるでしょう。ただ、そもそも次の３つの視点を忘れてはいけません。

①人間が行っていた業務の中で、人工知能（ＡＩ）が代替可能な業務はあるか。人工知能（ＡＩ）に任せたい新たな仕事はあるか。

②なぜ人工知能（ＡＩ）を導入したいのか。パソコンでもタブレットでもなく、他の機器より有効か。

③人工知能（ＡＩ）のデータをどうやってメンテナンスするか。手間、時間、費用をかけずに、更新できる方法があるか。

12　ビネガーを切った野菜にかける

みなさんはお酢は好きですか。私は好きです。むせてしまうので苦手という方もいると思います。雑誌をめくるとお酢が体にいいことが書かれているのを見るようになりました。血圧が下がる、糖尿病の改善に良いなど書いてあります。私は2015年1月30日の「日経MJ（流通新聞）」が記憶に残っています。「ミツカン、調味料、減塩レシピ提案、国の基準引き下げで。」という見出しで、ミツカンは2015年度の販売促進策として、減塩を切り口とした調味料の使い方の提案を進めるために、酢の販促で「酢の力」と銘打って、「カルシウム吸収促進」や「高めの血圧の低下」といった点をアピールする方向でいるという記事です。先日も2つの雑誌にお酢のことが少し書いてありました。

『日経トレンディ』2018年4月号に「次に来る!? 全米を席巻するネオトレンド」として41ページに「ビネガー（酢）入りのジュースが大増殖している。米スジャ社は、イチゴやブルーベリー、レモンといった果実系から、キュウリ、ターメリックを加えたジュースまで、多彩なラインアップをおしゃれなボトル入りでそろえる」とあり、『日経ヘルス』2018年5月号には「医師が教える老けない食べ方」として26ページに「酢は、食品中のAGEを半減してくれる優秀素材。タマネギに含まれるアリシンは、糖代謝を促すビタミンB_1の排出を抑え、体内で持続的に働くよう助ける作用がある。また、生のタマネギには、食後血糖値の急上昇を抑える働きも」と書いてあります。

それでは、どんなお酢がいいのでしょうか。お酢と言ってもいろいろあります。いざ、スーパーに行くといろいろあってどれがいいのかよくわかりません。スーパーに行って穀物酢、米酢、黒

図37　リンゴのビネガーと切った野菜

酢、ワインビネガー、バルサミコ酢、りんご酢は見たことがあると思います。一覧表のようなものがあって用途が書かれていると親切なのにと思うことがあります。

私は現在スペインのリンゴ酢を買って切った野菜にたっぷりかけています（図37）。お酢を摂取する習慣としてもっとも楽だと思ったからです。ひよこまめを漬してこのリンゴ酢をかけてもおいしいです。単純にスプーンでお酢を飲むのはむせ、いつか飽きます。煮物を作るときに穀物酢を使うと思うのですが、毎日煮物を作るのは大変です。お酢の次は何が体に良いと言われるのか気になります。

自分で一歩引いてこの現象を理解していれば問題はないのですが、マスコミが取り上げたからすぐ飛びつくのは良くないです。「フードファディズム」という言葉は一度は聞いたことがあるかもしれません。JapanKnowledge（ジャパンナレッジ）を使って検索した結果「情報・知識imidas2018」には以下のようにあります。

食べ物や栄養が健康と病気に与える影響を過大評価すること。アメリカでは１９５０年代にすでに問題になっており、群馬大学の高橋久仁子教授が日本に紹介した。ファディズムとは熱狂するとか物好きという意味である。ある食品が身体に良いと聞くとそればかりを摂取する人も多く、マスコミ、とくにテレビ番組で取り上げられると一斉に飛びつく風潮がある。これは、正しい食生活を妨げてしまう危険性がある。

今から約10年前の２００７年に「発掘！　あるある大事典２」が納豆を取り上げた回でデータのねつ造が発覚し番組が終了することがありました。テレビを見ていると納豆がいい、バナナがいい等いろいろな食材を取り上げて体にいいことが言われ、翌日、スーパーに行くと普段は売り切れることはないのに、売り切れになることがあります。普段からバランスよく食べていれば体にいいわけで、糖質制限のために白米やパン、パスタを一切食べなかったり、肉ばかり食べたりするのは栄養に偏りがあります。

13　図書館と出版社だけではなく、書店と取次も一緒に

私が大学1年生になった年の２００２年4月30日の「朝日新聞」朝刊にこんな見出しがありました。「図書館の無料貸本屋論争　日本ペンクラブが調査実施（変わる出版）」。ここ最近では２０１5年に新潮社の佐藤隆信社長による発言がマスコミによって切り取られて「一年間の貸出猶予」

が、2017年は文藝春秋の松井清人社長の発言も切り取られて「文庫本貸さないで」が話題になりました。新聞は紙面の関係から文字数はある程度制限があるし、テレビは報じる尺がある程度決まっているのでワンフレーズ、ワンセンテンスによる印象に残る言葉が独り歩きするのはわかるのですが、私はもう少し背景や解説があってもよかったと思います。政治家の発言が切り取られて報じられているのと同じでします。

あの当時の私の認識では「一年間の貸出猶予」については世に出たばかりの新人小説家は1作品の初版は3000部、4000部ぐらいからであり、全国に増えた図書館が購入することでその作家を知ってもらえる可能性があり、図書館が買い支えている側面があることも出版社としては知っているうえで、著名な作家の1作品が3万部、5万部、7万部ぐらいは売れるはずだったのに最近はそれらの部数に届いていないことを出版社として危惧している。図書館で予約がたくさん入ってそれに応じて同じ作品を多く買っていることに関係しているのではないか、というものです。「貸出猶予」は著者と出版社が合意した特定の本だけを半年か1年間、図書館で貸出の猶予をお願いしたい、という強い感じではなくお願いベースです。「文庫本貸さないで」はここでいう文庫は小説を文庫にしたもので、岩波文庫や講談社学術文庫は入りません。

2017年に原書房の成瀬雅人社長にお願いをして新潮社の佐藤隆信社長とお話をする時間をいただき、2時間くらいでしたが内容は多岐にわたりました。もちろん、文芸書の貸出猶予のことも話しましたが私の認識でよかったです。2018年に慶應義塾大学の機関紙・『三田評論』7月号で「公共図書館」の特集があり、座談会で文藝春秋・松井清人社長と話をする機会がありました。文庫の認識も私の認識でよかったです。文芸書を主に出している出版社は著名な作家の作品がある程度売れることで、新人作家の本がそんなに売れなくても赤字でも社会に出すことができており、著名な作家の作品が売れなくなると新人を発掘して世間に出すことが難しくなっていきます。図書館の現場で働いているほとんどの職員は出版社の言い分は理解していますが、それが実際にお客さんとやり取りすると悩むわけです。

表13　出版社の従業員

区分	出版社数（社）	割合（%）
10名以下	1,747	51.6
11-50名	737	21.8
51-100名	172	5.1
101-200名	127	3.8
201-1000名	103	3.0
1,001名以上	25	0.7
不明	472	14.0
合計	3,383	100.0

出典：『出版年鑑2018』（出版ニュース社）より作成

さらに、出版社というと世間一般的にはドラマに登場する仮想出版社のように1フロアが広くて社員がたくさんいるところを想像すると思います。表13は『出版年鑑２０１８』から出版社の従業員を整理したものです。10名以下の出版社が１７４７社あり全体の約半分で、１００１名以上は1％もありません。ひとことで出版社と言っても大中小それぞれ規模が違うのです。出版社によっては出版物を書店で買ってもらうことを想定しており、図書館は本を買ってくれる客としてはさほど考えていない場合と、図書館を客として考えて出版物を作っているところがあります。大手出版社では最初に刷る部数は多く、著名な作家では数万部、新書なら最低1万部からです。一方で中小出版社は初版が2000~3000部からで、私がこれまで出した本の初版は3000部です。日本のまち中にある図書館と大学図書館で3000部ならほとんど買ってくれて、残りは書店で買ってくれるだろうという算段です。

出版社から図書館に対しての意見としてよく言われる複本とは同じ本を2冊以上置いていることを指します。この複本問題は東京のような都心部と地方では人口規模が違うため簡単に一括りにできないのです。表14と表15は2018年8月23日の夜に私が東京23区の図書館と静岡県内の22市の図書館のウェブサイトを見て予約件数が最も多かったものを整理したものです。予約件数とは利用者が読もうと思った本を図書館で買っているのですが先に誰かが読んでおり、図書館に置いていなく、すぐ読めないため、予約した件数です。東京は荒川区のみ矢部太郎さん『大家さんと僕』で、他の区は恩田陸さん『蜜蜂と遠雷』、辻村深月さん『かがみの孤城』です。練馬区が1386件の予約があり、練馬区内の図書館で40冊『蜜蜂と遠雷』を持っています。単純に40冊を予約件数で割ると34・7です。練馬区の人口は73万1963人で、練馬区は東京23区の中でも貸出が多く、光が丘図書館ではカウンターに人の列ができています。一概に複本が多いとは言い切れません。一方で静岡では『蜜蜂と遠雷』と『かがみの孤城』が予約1位になっている図書館はありますが、『九十歳。何がめでたい』『魔力の胎動』『ファーストラヴ』『未来』『下町ロケット3』があります。さらに予約の件数と複本数を比較すると東京より静岡の方が少なく、人口の違いが出ていると考えることができます。さらに東京と静岡を比較すると、静岡の予約1位の出版年は今年のものが多く、東

表14　東京23区の予約件数１位

No.	自治体名	図書館数（館）	書名	著者名	出版年	予約件数（件）	所蔵数（冊）	予約１件当たりの所蔵数（冊）	人口（人）	人口一人当たりの予約件数（件）
1	千代田区	5	蜜蜂と遠雷	恩田　陸	2016.9	329	6	54.8	62,709	190.6
2	中央区	3	蜜蜂と遠雷	恩田　陸	2016.9	411	17	24.2	160,922	391.5
3	港区	6	蜜蜂と遠雷	恩田　陸	2016.9	638	24	26.6	256,477	402.0
4	新宿区	11	かがみの孤城	辻村　深月	2017.5	498	30	16.6	346,062	694.9
5	文京区	10	蜜蜂と遠雷	恩田　陸	2016.9	780	32	24.4	219,812	281.8
6	台東区	5	かがみの孤城	辻村　深月	2017.5	284	12	23.7	198,525	699.0
7	墨田区	4	蜜蜂と遠雷	恩田　陸	2016.9	459	13	35.3	271,458	591.4
8	江東区	11	かがみの孤城	辻村　深月	2017.5	936	25	37.4	517,309	552.7
9	品川区	10	蜜蜂と遠雷	恩田　陸	2016.9	653	33	19.8	392,598	601.2
10	目黒区	8	蜜蜂と遠雷	恩田　陸	2016.9	1,373	23	59.7	278,832	203.1
11	大田区	16	蜜蜂と遠雷	恩田　陸	2016.9	1,133	54	21.0	728,994	643.4
12	世田谷区	16	かがみの孤城	辻村　深月	2017.5	1,809	35	51.7	907,124	501.5
13	渋谷区	10	蜜蜂と遠雷	恩田　陸	2016.9	725	31	23.4	226,266	312.1
14	中野区	8	蜜蜂と遠雷	恩田　陸	2016.9	569	18	31.6	331,093	581.9
15	杉並区	13	蜜蜂と遠雷	恩田　陸	2016.9	1,089	54	20.2	568,631	522.2
16	豊島区	7	蜜蜂と遠雷	恩田　陸	2016.9	478	22	21.7	289,673	606.0
17	北区	14	蜜蜂と遠雷	恩田　陸	2016.9	638	19	33.6	350,683	549.7
18	荒川区	6	大家さんと僕	矢部　太郎	2017.1	314	3	104.7	215,781	687.2
19	板橋区	11	蜜蜂と遠雷	恩田　陸	2016.9	715	23	31.1	565,632	791.1
20	練馬区	12	蜜蜂と遠雷	恩田　陸	2016.9	1,386	40	34.7	731,963	528.1
21	足立区	15	かがみの孤城	辻村　深月	2017.5	640	21	30.5	688,372	1075.6
22	葛飾区	13	かがみの孤城	辻村　深月	2017.5	543	15	36.2	462,343	851.5
23	江戸川区	12	かがみの孤城	辻村　深月	2017.5	723	44	16.4	698,001	965.4

表15　静岡県内22市の予約件数１位

No.	自治体名	図書館数（館）	書名	著者名	出版年	予約件数（件）	所蔵数（冊）	予約１件当たりの所蔵数（冊）	人口（人）	人口一人当たりの予約件数（件）
1	静岡市	12	かがみの孤城	辻村　深月	2017.5	367	21	17.5	704,989	1921.0
2	浜松市	23	蜜蜂と遠雷	恩田　陸	2016.9	655	47	13.9	804,871	1228.8
3	沼津市	2	未来	湊　かなえ	2018.5	53	3	17.7	196,512	3707.8
4	熱海市	1	ファーストラヴ	島本　理生	2018.5	19	1	19.0	37,028	1948.8
5	三島市	2	かがみの孤城	辻村　深月	2017.5	68	8	8.5	110,437	1624.1
6	富士宮市	3	魔力の胎動	東野　圭吾	2018.3	85	6	14.2	133,089	1565.8
7	伊東市	1	かがみの孤城	辻村　深月	2017.5	15	2	7.5	69,309	4620.6
8	島田市	3	かがみの孤城	辻村　深月	2017.5	50	5	10.0	98,813	1976.3
9	富士市	4	九十歳。何がめでたい	佐藤　愛子	2016.8	329	18	18.3	254,360	773.1
10	磐田市	5	蜜蜂と遠雷	恩田　陸	2016.9	141	7	20.1	169,989	1205.6
11	焼津市	2	未来	湊　かなえ	2018.5	89	7	12.7	139,917	1572.1
12	掛川市	3	下町ロケット３	池井戸　潤	2018.7	52	4	13.0	117,729	2264.1
13	藤枝市	3	魔力の胎動	東野　圭吾	2018.3	87	8	10.9	145,851	1676.4
14	御殿場市	1	未来	湊　かなえ	2018.5	19	2	9.5	88,857	4676.7
15	袋井市	2	かがみの孤城	辻村　深月	2017.5	76	5	15.2	88,211	1160.7
16	下田市	1	ファーストラヴ	島本　理生	2018.5	1	3	0.3	21,937	21937.0
17	裾野市	2	かがみの孤城	辻村　深月	2017.5	37	2	18.5	52,311	1413.8
18	湖西市	2	未来	湊　かなえ	2018.5	24	3	8.0	59,883	2495.1
19	伊豆市	4	魔力の胎動	東野　圭吾	2018.3	8	1	8.0	31,117	3889.6
20	御前崎市	1	魔力の胎動	東野　圭吾	2018.3	9	2	4.5	32,907	3656.3
21	菊川市	2	ファーストラヴ	島本　理生	2018.5	14	2	7.0	47,929	3423.5
22	伊豆の国市	2	未来	湊　かなえ	2018.5	13	2	6.5	48,909	3762.2

予約の受付件数

	40代	50代	60代	70代	80代	その他	合計	割合（%）
	13,326	13,943	17,074	16,567	6,811	13	91,528	10.6
	7,626	5,850	5,049	2,429	843	-	38,812	4.5
	212,131	150,811	81,716	22,317	5,197	-	716,509	82.6
	7,036	3,389	1,549	468	39	-	20,597	2.4
	240,119	173,993	105,388	41,781	12,890	13	867,446	100.0

京では15区が２０１６年９月に出版された『蜜蜂と遠雷』が1位です。この『蜜蜂と遠雷』は第１５６回直木三十五賞、第14回本屋大賞を受賞しています。こんなに予約件数が多いのはテレビや新聞で話題になったからパソコンやスマートフォンで簡単に「とりあえず図書館で予約しよう」と思って予約したのが残っている可能性が高いです。

表16は「しんじゅくの図書館２０１７（平成29年図書館年報）」をもとに新宿区内の図書館全館の予約の受付種別を整理したものです。新宿区は予約の受付種別を図書館別で掲載しており、貴重なデータを公開しています。新宿区の図書館全館で２０１６年４月から２０１７年３月までの１年間で86万７４４６件の予約があり、そのうち71万６５０９件はＷＥＢによるもので全体の82・６％で、年齢は40代、50代、30代の順番で多いです。

中野区立図書館の「平成29（２０１７）年度事業報告書」には図書館のウェブサイトやＯＰＡＣのアクセス件数が詳細に示されており、こちらも貴重なデータです。図38は「平成29（２０１７）年度事業報告書」をもとにＷＥＢＯＰＡＣの時間帯別の予約・リクエスト受付件数を整理したもので、深夜の時間帯でも図書館のウェブサイトにアクセスしてＷＥＢＯＰＡＣを使って検索をして予約していることがわかります。平成

表16　新宿区立図書館

受付種別	幼児	小学生	中学生	高校生	学生	20代	30代
カウンター	2,142	6,796	1,367	571	981	3,366	8,571
OPAC	797	6,685	2,906	1,104	794	1,209	3,520
WEB	20,344	29,094	10,804	8,459	14,962	33,549	127,125
モバイル	1,131	775	228	98	321	1,072	4,491
合計	24,414	43,350	15,305	10,232	17,058	39,196	143,707

出典：しんじゅくの図書館2017（平成29年図書館年報）より作成

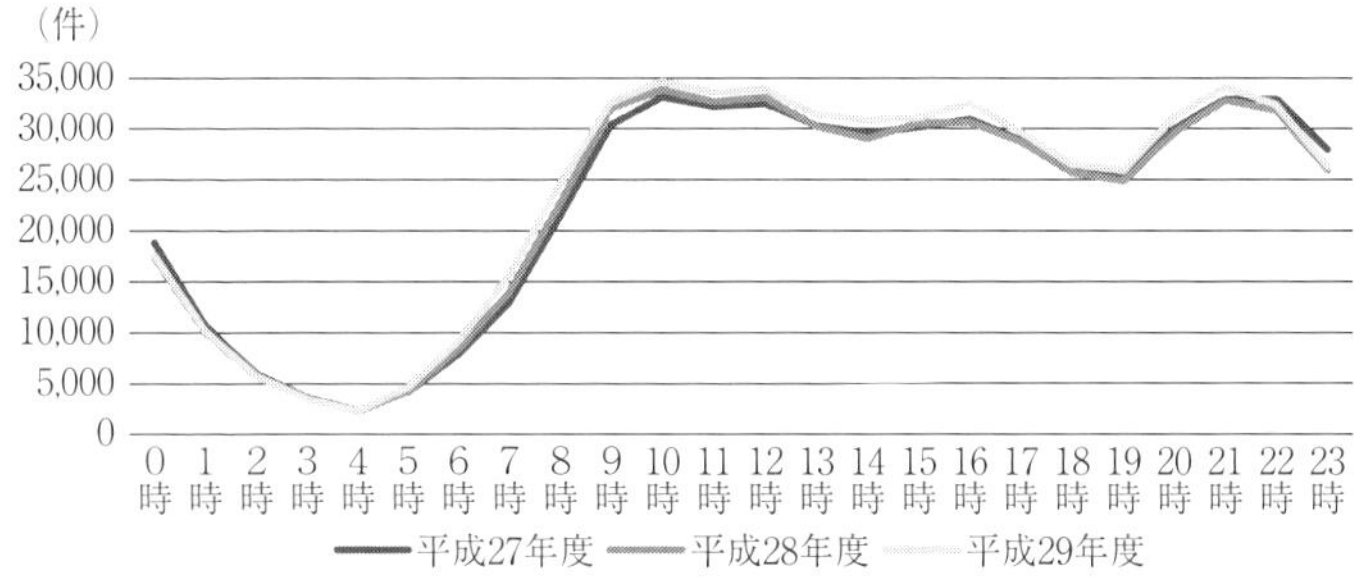

図38　中野区立図書館WEBOPACの時間帯別の予約・リクエスト受付件数

29年度のWEBOPACの予約・リクエスト受付件数は56万95件で、9時から16時までと20時から21時の間は3万件です。インターネットに接続できれば気軽に予約することができるようになっていると考えることができます。

図書館によっては予約10件につき新たに1冊買うけれど、何件以上になっても追加で買わないようにしている館もあります。お客さんが「とりあえずこの本予約」ではなく、読みたくて予約しているのは実際どれだけなのかWEBからの予約では図書館はなかなかわかりようがないのです。ひとつの案としては新刊本はWEBから予約できないようにすることです。予約する場合は図書館にお客さんが来て紙に書

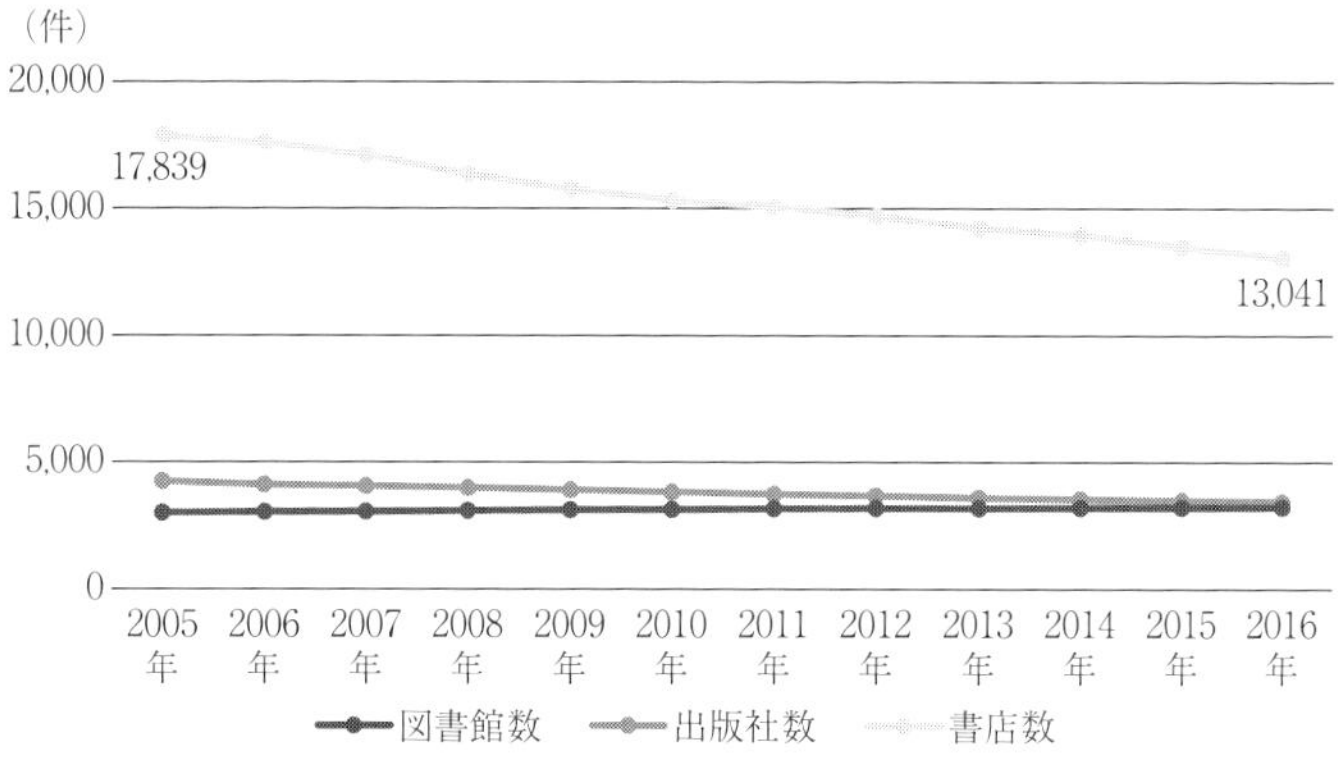

図39　図書館・出版社・書店数の推移

いてもらうようにすることで、「図書館に行って予約するのは面倒だから書店で買うよ」と思う人もいますから予約件数は激減するでしょう。

ただ、「買うよ」と言っても近くに書店がないまちもあります。図39は図書館・出版社・書店数の推移を示したもので、書店数は2005年は1万7839店、2016年になると1万3041店まで減っています。出版社も少しずつ減っています。図書館は今は、少しずつ増えています。書店がないとそもそもどんな本なのか手に取ってざっと見ることはできません。じっくり読もうと思って買うことはできません。私は中学と高校のときに地方に住んでいたので、小さな書店で参考書などを買っていましたが、そもそも陳列してあるものが限られており、どうしても必要な場合は友達と一緒に電車に乗って隣の大きい市に行って買っていました。「無料貸本屋論争」「貸出猶予」「文庫本」のことは図書館と出版社との関係が中心で書店のことはあまり議論になっていません。私は今後は、書店と取次も含めて議論をした方がいいと思います。

14 戦争を語り継ぐためのひとつとしての図書館

私が江戸川区の図書館で働いているときに他自治体にはなかった経験のひとつに3月10日の東京大空襲と8月15日全国戦没者の慰霊の黙とうがありました。事前に区役所の所管部署から原稿が送られてきて館内放送を使って読んで黙とうします。

超高齢社会で私が気にしているひとつに戦争体験者が減っていくことがあります。戦争体験者は年を取り亡くなっており、子どものときに太平洋戦争体験があって記憶にある方も今は80歳以降でしょう。2033年になるころにはますます戦争体験者は減って戦争といえば、日中戦争や太平洋戦争ではなく2001年に始まったアフガニスタン紛争、2003年に始まったイラク戦争、2011年からのシリア騒乱など2000年以降の外国の戦闘の様子を思い出すのが多いでしょう。

思想の右、左は関係なしに戦争を語り継ぐ仕組みが必要だと思います。それができれば戦争を未然に防ぐことはできるのかもしれません。一般的なのはテレビで昔の映像記録を使って特集を組んでおり、ずっと続けてほしいです。ただ、制作側もだんだん戦争を知らない世代がつくるので大変だと思います。みなさんが住んでいるまちによっては資料館があり、戦争の悲惨さを伝える展示をしています。ただ、自分から積極的に行こうと思わない限り遠い施設です。

そうなると、気軽に無料で日ごろから行ける施設として図書館があります。図書館で数週間だけでもいいので特集の展示を行うことなどができます。図書館にはいろいろな本やDVDがあるからです。もちろん、太平洋戦争だけに限らないでそれぞれの戦争のものも置いてあるところは多いです。図書館の入口付近に本などが置いてあれば目に入ります。新宿の図書館では全館で戦争と平和に関する資料の展示・貸出、目録の配布を期間を決めて一斉に実施しており、各館ばらばらで行うのではなく、ひとつの自治体としてまとまって行っていることがいいです。太平洋戦争だけに限定しているのではなく、戦争を広く捉えて各館がテーマを設けています。私が新宿区立角筈図書館に在籍していたとき、館長がある年はホロコーストについて、NPO法人ホロコースト教育資料センターから資料を借用して、アンネ・フランク氏と黒川万千代氏（四谷生まれ）に関する展示と関係する本を一緒に設置して行っていました（図40）。「平和祈念資料館」「昭和館」「広島平和記念資料館」等にパンフレットを依頼し、自由に手に取れるようにしていました。これとは別に私は2011年の12月、2012年1月の2カ月にわたって「観光」と「図書館からの情報発信」というテーマで北海道釧路市の市立釧路図書館、東京都の新宿区立角筈図書館、鹿児島県の出水市立中央図書館の3館が合同でそれぞれ他の2館の地域に関する展示を月替わりで行っていたところ、出水市立中央図書館から歴史民俗資料館にある資料も送ってもらって驚いたことがあります。段ボールを開けると多くの刀のツバや特攻隊の遺品のレプリカ、手紙などが入っていました。出水市は「薩州島津家」にまつわる史跡、太平洋戦争時の海軍航空隊出水基地跡など数多くの史跡が残されており、歴史民俗資料館には貴重な史料がたくさんあります。一度にすべてを展示ケースに入れることはできなかったので少しずつ入れ替えて展示しました。図41の右側が特攻隊関係、左側が武具関係です。展示を行うと多くの大人が特攻隊の史料をじっくり見ていました。

図40　戦争と平和に関する資料の展示・貸出

右翼左翼に関係なく戦争はしたくない、巻き込まれたくないと思っている人がほとんどだと思います。平成は日本が戦争で火の海になることは今までのところありませんでした。次の元号以降も戦争をしたくはありません。そのためには、戦争とはどんなものかということを情報発信することがこれからより必要だと思います。そのひとつにまち中の図書館があると思います。

図41　出水市からの借用物

第4章

地域社会

1　自宅の周囲1キロメートルは今どんな人が住んでいて今後どうなるのか

みなさんは、今住んでいるところはどのような基準で決めましたでしょうか。人それぞれあると思います。賃貸ならそんなに悩むことはないかもしれません。戸建てやマンションを購入するとなると決心するまでに時間がかかるでしょう。私はまだ賃貸ですが、物件を決めるときに周辺をよく歩きます。候補地から半径1キロは歩くようにし、スーパーはどれだけあるのか、商店街の有無、保育園や幼稚園の有無、20代は多いのか、高齢者は多いのか少ないのか、車の交通量、歩道の幅、交番はどこにあるのかなどなどいろいろ見ます。私が一番気にするのはどのような年齢層が多いのかです。ある程度わかれば、これから人口が増える可能性があるのか、それとも増える見込みはなく人口は減り、コンビニやドラッグストアも減っていくだろうと想像ができます。子どもが乗っているベビーカーを押している方が多いまちはいいですね。活気があります。

今のまちの様子は昔からあったわけではなく、月日が経ってできたもので、2033年にはもっと変わっていることでしょう。特に東京都内では場所によっては高層マンションを建てています。そのために土地の買収があって、飲食店が立ち退いて建物がいったん壊されて更地になり、区画整理も行われ道路や歩道が広くなります。私が1カ月に1度の割合で行っていたお店にはこんな貼紙が店の扉にありました。

「閉店のお知らせ。このたび、開発の事情により、平成29年12月26日（火）ランチをもちまして閉店することとなりました。これまで皆様より頂戴したご支援ご愛顧に、心から感謝申し上げるとともに、皆様のますますのご健勝をお祈り申し上げます。本当にありがとうございました」。

再開発でこのようなお知らせを見ることは今後増えると思います。図書館の現場で働いていたときも最初に図書館の半径1キロは歩いて様子を見ました。たとえば、幼稚園や保育園が図書館の近くにあれば、相手方と打ち合わせをして図書館側から出張して本を読むことは容易ですし、一方で園児が図書館に来やすいです。

現在住んでいるところの人口の構成を知ることは大切で、気にした方がいいと思います。将来どうなるのかある程度は予測できます。知る方法はまち歩きが体感できると思います。しかし、「日中は仕事しているからそんなの無理」という方が多数だと思います。その場合、2つ方法はあります。ひとつは自治体が公開している統計です。役所のウェブサイトには年代別の人口構成があり、PDFやエクセルで見ることができ、それを見れば今はどのような世代が多いのかわかります。もう一つは調査会社が出している資料で、調査会社によってはいろいろな切り口で調べていて見ているだけで面白いです。

ひとつ例を示しますと、今年の3月に日本統計センターの方が私を訪ねに篠崎図書館に来ました。日本統計センターはマーケティング分析や、地方自治体を中心とした行政機関の各種計画策定

年代別人口と構成比の将来推移

	2022年		2027年		2032年		2027年－2017年	2032年－2017年
	人口（人）	構成比（%）	人口（人）	構成比（%）	人口（人）	構成比（%）	人口（人）	人口（人）
	3,453	7.5	2,923	6.3	2,660	5.8	－784	－1,047
	3,657	7.9	3,876	8.4	3,683	8.0	149	－44
	4,844	10.5	4,319	9.3	4,273	9.3	－1,047	－1,093
	5,997	13.0	5,518	11.9	4,946	10.7	－1,046	－1,618
	7,203	15.6	6,554	14.2	6,010	13.1	－1,083	－1,627
	6,879	14.9	7,470	16.1	7,076	15.4	1,908	1,514
	4,827	10.4	5,577	12.0	6,867	14.9	338	1,628
	5,089	11.0	5,267	11.4	4,828	10.5	809	370
	4,300	9.3	4,791	10.3	5,710	12.4	1,371	2,290
	46,249	100.0	46,295	100.0	46,053	100.0	615	373

年代別人口と構成比の将来推移

	2022年		2027年		2032年		2027年－2017年	2032年－2017年
	人口（人）	構成比（%）	人口（人）	構成比（%）	人口（人）	構成比（%）	人口（人）	人口（人）
	3,739	6.1	3,115	5.1	2,803	4.7	－497	－809
	3,013	4.9	3,769	6.2	4,039	6.7	1,046	1,316
	6,100	9.9	4,235	6.9	4,463	7.4	－5,543	－5,315
	13,268	21.5	10,623	17.4	6,608	11.0	－2,894	－6,909
	12,032	19.5	12,790	20.9	12,583	20.9	1,706	1,499
	8,861	14.4	10,546	17.3	11,442	19.0	3,475	4,371
	5,668	9.2	6,525	10.7	8,203	13.6	520	2,198
	5,163	8.4	5,225	8.6	4,961	8.3	839	575
	3,852	6.2	4,241	6.9	5,022	8.4	923	1,704
	61,696	100.0	61,069	100.0	60,124	100.0	－425	－1,370

表17　練馬区南田中5丁目の周囲1km圏の

年齢	2007年		2012年		2017年		
	人口（人）	構成比（%）	人口（人）	構成比（%）	人口（人）	構成比（%）	
10歳未満	3,513	8.4	3,451	8.0	3,707	8.1	
10代	3,440	8.3	3,518	8.2	3,727	8.2	
20代	5,394	12.9	5,222	12.2	5,366	11.7	
30代	7,323	17.6	6,977	16.2	6,564	14.4	
40代	5,525	13.3	6,596	15.4	7,637	16.7	
50代	5,376	12.9	4,714	10.0	5,562	12.2	
60代	5,065	12.2	5,251	12.2	5,239	11.5	
70代	4,075	9.8	4,516	10.5	4,458	9.8	
80歳以上	1,974	4.7	2,697	6.3	3,420	7.5	
合計	41,685	100.0	42,942	100.0	45,680	100.0	

出典：「市場情報評価ナビ（MieNa）」をもとに作成

表18　新宿区西新宿4丁目の周囲1km圏の

年齢	2007年		2012年		2017年		
	人口（人）	構成比（%）	人口（人）	構成比（%）	人口（人）	構成比（%）	
10歳未満	2,622	4.9	2,848	5.1	3,612	5.9	
10代	2,566	4.8	2,485	4.5	2,723	4.4	
20代	10,233	19.1	9,047	16.4	9,778	15.9	
30代	11,534	21.5	12,574	22.7	13,517	22.0	
40代	7,209	13.5	8,755	15.8	11,084	18.0	
50代	6,702	12.5	5,991	10.8	7,071	11.5	
60代	5,625	10.5	6,067	11.0	6,005	9.8	
70代	4,530	8.5	4,542	8.2	4,386	7.1	
80歳以上	2,558	4.8	2,994	5.4	3,318	5.4	
合計	53,579	100.0	55,303	100.0	61,494	100.0	

出典：「市場情報評価ナビ（MieNa）」をもとに作成

年代別人口と構成比の将来推移

	2022年		2027年		2032年		2027年－2017年	2032年－2017年
	人口（人）	構成比（%）	人口（人）	構成比（%）	人口（人）	構成比（%）	人口（人）	人口（人）
	3,091	9.2	2,711	8.1	2,508	7.6	－516	－719
	3,290	9.7	3,273	9.8	3,115	9.4	－17	－175
	3,754	11.1	3,827	11.4	3,806	11.5	45	24
	4,346	12.9	4,019	12.0	3,999	12.1	－767	－787
	5,564	16.5	4,622	13.8	4,207	12.7	－1,933	－2,348
	5,467	16.2	6,281	18.8	5,321	16.1	2,607	1,647
	2,619	7.8	3,393	10.1	5,027	15.2	291	1,925
	3,201	9.5	2,611	7.8	2,205	6.7	－761	－1,167
	2,431	7.2	2,751	8.2	2,892	8.7	922	1,063
	33,763	100.0	33,488	100.0	33,080	100.0	－129	－537

年代別人口と構成比の将来推移

	2022年		2027年		2032年		2027年－2017年	2032年－2017年
	人口（人）	構成比（%）	人口（人）	構成比（%）	人口（人）	構成比（%）	人口（人）	人口（人）
	4,544	9.2	4,013	8.2	3,706	7.6	－738	－1,045
	4,819	9.8	4,834	9.8	4,599	9.4	60	－175
	5,566	11.3	5,560	11.3	5,588	11.5	－186	－158
	6,422	13.0	6,157	12.5	5,980	12.3	－852	－1,029
	8,396	17.0	6,802	13.9	6,258	12.8	－3,131	－3,675
	8,221	16.7	9,503	19.4	8,005	16.4	4,180	2,682
	3,691	7.5	4,896	10.0	7,552	15.5	492	3,148
	4,559	9.3	3,692	7.5	3,093	6.3	－929	－1,528
	3,034	6.2	3,621	7.4	3,956	8.1	1,518	1,853
	49,252	100.0	49,078	100.0	48,737	100.0	414	73

表19　江戸川区篠崎町３丁目の周囲１km 圏の

年齢	2007年		2012年		2017年		
	人口（人）	構成比（%）	人口（人）	構成比（%）	人口（人）	構成比（%）	
10歳未満	3,659	11.8	3,358	10.6	3,227	9.6	
10代	2,652	8.6	3,173	10.0	3,290	9.8	
20代	3,552	11.5	3,176	10.0	3,782	11.3	
30代	6,765	21.8	5,420	17.1	4,786	14.2	
40代	3,840	12.4	5,621	17.7	6,555	19.5	
50代	3,383	10.9	2,782	8.8	3,674	10.9	
60代	4,121	13.3	3,823	12.1	3,102	9.2	
70代	2,209	7.1	3,186	10.1	3,372	10.0	
80歳以上	814	2.6	1,129	3.6	1,829	5.4	
合計	30,995	100.0	31,668	100.0	33,617	100.0	

出典：「市場情報評価ナビ（MieNa）」をもとに作成

表20　江戸川区篠崎町７丁目の周囲１km 圏の

年齢	2007年		2012年		2017年		
	人口（人）	構成比（%）	人口（人）	構成比（%）	人口（人）	構成比（%）	
10歳未満	5,219	12.0	5,015	10.9	4,751	9.8	
10代	3,462	7.9	4,475	9.8	4,774	9.8	
20代	5,615	12.9	4,814	10.5	5,746	11.8	
30代	9,995	22.9	8,333	18.2	7,009	14.4	
40代	5,458	12.5	8,397	18.3	9,933	20.4	
50代	4,819	11.0	3,903	8.5	5,323	10.9	
60代	5,525	12.7	5,459	11.9	4,404	9.0	
70代	2,639	6.0	4,123	9.0	4,621	9.5	
80歳以上	905	2.1	1,297	2.8	2,103	4.3	
合計	43,637	100.0	45,816	100.0	48,664	100.0	

出典：「市場情報評価ナビ（MieNa）」をもとに作成

年代別人口と構成比の将来推移

	2022年		2027年		2032年		2027年－2017年	2032年－2017年
	人口（人）	構成比（%）	人口（人）	構成比（%）	人口（人）	構成比（%）	人口（人）	人口（人）
	5,183	8.5	3,949	6.4	3,579	5.8	－1,694	－2,064
	4,579	7.5	5,711	9.3	5,299	8.6	2,041	1,629
	4,522	7.4	4,334	7.0	5,239	8.5	－1,923	－1,018
	9,833	16.1	7,606	12.3	5,585	9.0	－3,580	－5,601
	12,299	20.2	11,859	19.2	10,576	17.1	47	－1,236
	9,831	16.1	11,592	18.8	12,081	19.5	4,130	4,619
	5,581	9.1	6,957	11.3	9,155	14.8	1,113	3,311
	5,215	8.5	5,171	8.4	4,970	8.0	907	706
	3,975	6.5	4,442	7.2	5,377	8.7	920	1,855
	61,018	100.0	61,621	100.0	61,861	100.0	1,961	2,201

業務、調査・分析業務を行うシンクタンクです。私が知ったきっかけは日本国内の図書館にはビジネス支援サービスを行っていて、日本統計センターが販売している市場情報評価ナビ（MieNa）を導入している館があるからです。この市場情報評価ナビ（MieNa）はおもしろく、図書館以外に商工会議所も導入しているところがあります。

これからの特定の地域の人口がどうなっていくのか。将来推計について市場情報評価ナビ（MieNa）をもとに、私が働いていた東京都練馬区立南田中図書館がある南田中5丁目、新宿区立角筈図書館がある西新宿4丁目、江戸川区立篠崎図書館がある篠崎町7丁目、篠崎子ども図書館がある篠崎町3丁目、現在、私が現在住んでいる東京都港区X丁目の周囲1キロメートル圏の年代別人口と構成比の将来推移を整理すると表17から表21のようになりました。

少し地理的な解説をしますと、南田中5丁目は、

表21　港区X丁目の周囲1km圏の

年齢	2007年		2012年		2017年	
	人口（人）	構成比（%）	人口（人）	構成比（%）	人口（人）	構成比（%）
10歳未満	3,879	7.9	4,012	7.9	5,643	9.5
10代	2,858	5.8	2,976	5.9	3,670	6.2
20代	7,140	14.6	6,012	11.9	6,257	10.5
30代	11,283	23.0	10,379	20.5	11,186	18.7
40代	7,387	15.1	9,200	18.2	11,812	19.8
50代	6,022	12.3	5,519	10.9	7,462	12.5
60代	4,734	9.7	5,689	11.2	5,844	9.8
70代	3,540	7.2	3,935	7.8	4,264	7.1
80歳以上	2,139	4.4	2,945	5.8	3,522	5.9
合計	48,982	100.0	50,667	100.0	59,660	100.0

出典：「市場情報評価ナビ（MieNa）」をもとに作成

西武池袋線「練馬高野台駅」南口から歩いて石神井川を越えたところで、一言で表すと住宅街です。西新宿4丁目は、都営地下鉄大江戸線都庁前駅（A1出口）、西新宿五丁目駅（A1出口）、京王新線初台駅東口が最寄り駅になり、新宿中央公園の反対側で、都市部です。篠崎3丁目は江戸川が近く流れており、京葉道路の南側、篠崎7丁目は都営新宿線の篠崎駅がある場所です。港区X丁目は都心部になり、出張で品川駅から新幹線に乗りたいときにタクシーで10分あれば着きます。

それぞれの表の2017年の構成比で最も割合が高い年齢区分は西新宿4丁目の30代（22・0％）、以外は40代です。南田中5丁目40代（16・7％）、篠崎町3丁目40代（19・5％）、篠崎町7丁目40代（20・4％）、港区X丁目40代（19・8％）。

10歳未満は篠崎町7丁目（9・8％）が5つの地区で最も割合が高くなり、篠崎町3丁目（9・6

%）、港区X丁目（9・5％）、南田中5丁目（8・1％）、西新宿4丁目（5・9％）です。

10年後の2027年の推計から2017年の人口を引いたところ、人口減少見込みは西新宿4丁目（425人減）、篠崎町3丁目（129人減）だけです。港区X丁目は1961人増加見込みです。よく、人口については「東京の一極集中は止まらないがオリンピックが終わった数年後の2025年以降に東京でも人口減少がはじまる」「東京都の人口は2025年がピーク」というようなフレーズをどこかで見たことがあるかもしれません。今回5つのエリアの状況を出しましたが、細かく見ることで通説とは違う場所もあることがわかります。

さらに2032年の推計から2017年の人口を引いた結果、人口が減少するのは2027年と同様に西新宿4丁目（1370人減）、篠崎町3丁目（537人減）です。同様に人口が増えるのは南田中5丁目（373人増）、篠崎町7丁目（73人増）、港区X丁目（2201人増）です。都市部でも西新宿4丁目は大きく人口を減らし、港X丁目では大きく増える見込みです。

このように、自分が住んでいるところはどんな人がいて将来どうなるのか関心を持った方がいいと思います。図書館などの公共施設についてもどのような世代をターゲットにサービスを行うのか分析をするときに現在の人口の区分と将来予測は必要で、子どもの数が年々減っているのに子ども向けのサービスを過剰に行っても限られた子どもしか利用しません。一方で、60代以上が多く住んでいるのに高齢者向けのサービスを行っていないとするとそれはもったいないことです。日々の業務や利用者アンケート、図書館の来場者だけを見るのではなく、その地域にはどのような世代がいるのかしっかり分析することが必要です。

2　マーケットデータから地域を知る

自分が今住んでいる地域のマーケットデータはよほど興味がないか、そこで商売をしようと思わない限り調べないと思います。ですが、少し調べてみると地域を知ることができます。表22は先ほど紹介した市場情報評価ナビ（MieNa）をもとに南田中5丁目、西新宿4丁目、篠崎町3丁目、篠崎町7丁目、港区X丁目の周囲1キロメートルのマーケットデータを整理したものです。図書館で働いていたときは周辺のお店の状況も見ていましたのでマーケットデータは現在の地域の状況とつながっていたので興味深かったです。自転車で図書館周辺を走っているとき昔ながらの鮮魚店、精肉店、八百屋があるのかないのかは気にしています。魚介類、肉類、野菜・海藻購買力と専門店があるか否かはリンクしています。たとえば、肉類購買力は篠崎町7丁目は1371（百万円）で、南田中5丁目や篠崎町3丁目より高いです。2018年7月14日に放送された「アド街ック天国」では江戸川区篠崎を特集しており、篠崎町7丁目の飯塚精肉店を取り上げていました。ここの精肉店はメンチカツもいいのですが純粋に肉がおいしいですし、お客さんもけっこういるのを見たことがあります。スーパーマーケットで一通りの食料品をそろえることができ、それぞれの専門店は減

表22　周囲1km圏のマーケットデータ

項目	単位	年次	南田中5丁目	西新宿4丁目	篠崎町3丁目	篠崎町7丁目	港区X丁目
住民基本台帳人口	人	2017	45,680	61,495	33,618	48,664	59,661
住民基本台帳世帯数	世帯	2017	23,013	40,051	15,508	22,704	33,504
年収700万円以上就業者数	人	2016	3,933	10,345	2,173	3,131	13,571
1千万円以上貯蓄高世帯数	世帯	2016	6,861	12,979	4,681	6,885	15,471
持ち家世帯数	世帯	2015	9,459	13,390	6,544	10,152	16,168
魚介類購買力	百万円	2016	368	1,761	924	1,331	1,723
肉類購買力	百万円	2016	342	1,761	936	1,371	1,756
野菜・海藻購買力	百万円	2016	536	2,701	1,384	2,011	2,626
菓子類購買力	百万円	2016	1,570	2,346	1,072	1,572	2,145
外食費支出額	百万円	2016	4,812	9,226	3,239	4,868	7,391
酒類購買力	百万円	2016	202	1,268	543	798	1,144
自動車等購入購買力	百万円	2016	754	964	547	778	985
自転車購入購買力	百万円	2016	76	118	53	81	108
たばこ購買力	百万円	2016	336	686	226	338	554
書籍・他の印刷物購買力	百万円	2016	973	1,519	648	944	1,341
教養娯楽サービス支出額	百万円	2016	5,041	8,162	3,412	5,044	7,145

出典：「市場情報評価ナビ（MieNa）」をもとに作成

りつつありますが、購買力が高ければ、それなりの商品を売ることで残り続けます。

みなさんのまちにはたばこ屋さんはまだあるでしょうか。私は小学生のころ、親がたばこを吸うため、おつかいで自宅から徒歩3分のたばこ屋さんで「マイルドセブンください」とおばさんに言ってたばこを買ってました。私が中学生になると第三者に勘違いされて補導されるからということでたばこのおつかいはなくなりました。テレビで放送している「はじめてのおつかい」は家から目的地まで距離があるし、買うものが多くて子どもは大変だと思います。たばこ購買力を見ると西新宿4丁目が最も高いのですが686（百万円）です。思ったより少ないと思います。たばこそのものがどんどん値上がりしているのと分煙、禁煙の動きがあるので減ってきたのだと思います。

図書館と関係するのは書籍・他の印刷物購買力で西新宿4丁目（1519百万円）、港区X丁目（1341百万円）と続き3カ所と違い高く、購買力と図書館の利用はどのような関係なのかは立地環境を含めて分析をする必要があります。たとえば、新宿区では新宿区内の会社で働いている人でも図書館のカードを作ることができて本を借りることができ、西新宿4丁目はさまざまな企業があり、埼玉や横浜から通勤している方もいます。私の経験では4月になると社会人1年目と思う方が図書館に来て「先輩に図書館のカードを作るように言われたので来たのですがどうすればできますか」と尋ねられることもよくありました。図書館の場所によって相関関係が出てくるでしょう。私の理想は書籍の購買力が高ければ図書館の利用も多いことです。小説と文庫は買って読んで、ちょっとした調べものでは図書館にある本を使うというものです。

3　住んでいるまちの総合計画と公共施設等総合管理計画を読もう

みなさんはお住いの自治体がどのようなまちづくりをしようとしているのか気にしたことはありますでしょうか。ほとんどの人が「特に気にしていない」と答えると思います。気になったとすれば道路計画を知ったときや大規模開発が行われるときに役所などによる住民説明会が行われて「これはおかしいのではないか」と思うときでしょう。役所では「近隣住民が反対している」と思い「どうしよう、困った」となるわけです。自分が住んでいるところがどのようなまちづくりをしようとしているのか関心を持った方がいいと思います。

これからは人口が減り、高齢者が多くなるので役所として、どうまちづくりをしていくのが良いのか日々考えながら施策を実行しています。では、自治体はどのようなことを考えているのか、それは総合計画を読むと概要がわかります。

総合計画は基本構想、基本計画、実施計画の3つからなっています。基本構想は基本的に将来どのようなまちづくりをするのかという理念、方針が書かれています。基本計画は具体的な施策が、実施計画は事業内容や実施時期が記されています。期間として10年が多いです。最初の5年を前期基本計画としているのをよく見ます。それぞれの自治体のウェブサイトで読むことができます。スマートフォンやタブレット、パソコンで自分が住んでいる自治体名総合計画と入れて検索してみましょう。最寄りの図書館にも置いてあります。今回は市区町それぞれの具体例として、茨城県水戸市、東京都杉並区、宮崎県門川町の総合計画を一部紹介します。

水戸市は「水戸市第6次総合計画―みと魁プラン―3か年実施計画（2018年度～2020年度）」を策定しました（図42）。実施計画策定の基本方針を読んでいくと途中で以下のことが書かれています。

本市においては、少子・高齢化が進行し、人口減少が避けられない中、自主・自立したまちを目指し、地方創生に向けた取組を進めるとともに、中核市への移行にも取り組むほか、水戸都市圏のリーダーとして、圏域全体の活力を創出し、持続可能な圏域づくりを推進しておりまず。あわせて、市民サービスの向上に不可欠な市役所新庁舎、新市民会館、新ごみ処理施設、東町運動公園新体育館の4つの大型プロジェクトを推進するとともに、福祉、教育の充実をはじめ、産業の活性化等にも取り組んでいることから、徹底した行財政改革により、財政規律を守りながら、地方分権時代に対応した質の高い行政サービスを提供していく必要があります。

ここにあるように、水戸市では今後、大型プロジェクトとしては、市役所新庁舎、新市民会館、新ごみ処理施設、東町運動公園新体育館があり、建設に向けて動いていくでしょう。ある日突然できるわけではないのです。

水戸市第６次総合計画
―みと魁プラン―
３か年実施計画
（2018年度～2020年度）

目　　次

第１部　総　　論

第２部　各　　論

図42　水戸市第６次総合計画―みと魁プラン―３か年実施計画
（2018年度～2020年度）

杉並区では「杉並区総合計画（10年プラン）（平成27〜33年度）」と「杉並区実行計画（3年プログラム）（平成29〜31年度）」があり、総論を読むと杉並区基本構想（10年ビジョン）が掲げる将来像と目標が次のようにあります。

10年後（平成33年度）の杉並区の将来像　支えあい共につくる　安全で活力あるみどりの住宅都市　杉並

将来像の実現に向けた5つの目標
目標1　災害に強く安全・安心に暮らせるまち
目標2　暮らしやすく快適で魅力あるまち
目標3　みどり豊かな環境にやさしいまち
目標4　健康長寿と支えあいのまち
目標5　人を育み共につながる心豊かなまち

「目標2　暮らしやすく快適で魅力あるまち」について施策のひとつとして「魅力的でにぎわいのある多心型まちづくり」（図43）とあり、現状と課題のひとつに以下のことがあります。

杉並区が住宅都市としての価値を更に高めていくためには、駅周辺を中心とした、魅力的でにぎわいのあるまちづくりが重要です。特に、区内最大の交通結節拠点である荻窪駅周辺地区は、その潜在能力を十分に活かした整備を行い、商業の活性化や生活利便性などの都市機能を高めていくことが求められています。

目標を実現するための主な取り組みもあり、上記に対応するものとして「荻窪駅周辺都市再生事業の推進」とあり次のようなことが書かれています。

重点・荻窪駅周辺について、地域住民との連携・協力により、まちの将来構想を描くとともに、その実現に向けた取組を進めます。また、南北分断の解消と都市機能の更なる強化に向けて幅広い視点から検討を進め、国や都、鉄道事業者等と協議・調整を行いながら、「都市再生まちづくり」を進めます。

先日、久しぶりに荻窪に行きましたが、駅には以前より人がいて、特に北口から練馬方面に行くバスに乗っている人が多くなったと思います。南口から少し歩いた荻外荘公園方面は閑静な住宅街で、雰囲気が違います。

宮崎県門川町は平成29年に第5次門川町長期総合計画後期計画を策定し、政策の柱は以下の5つ

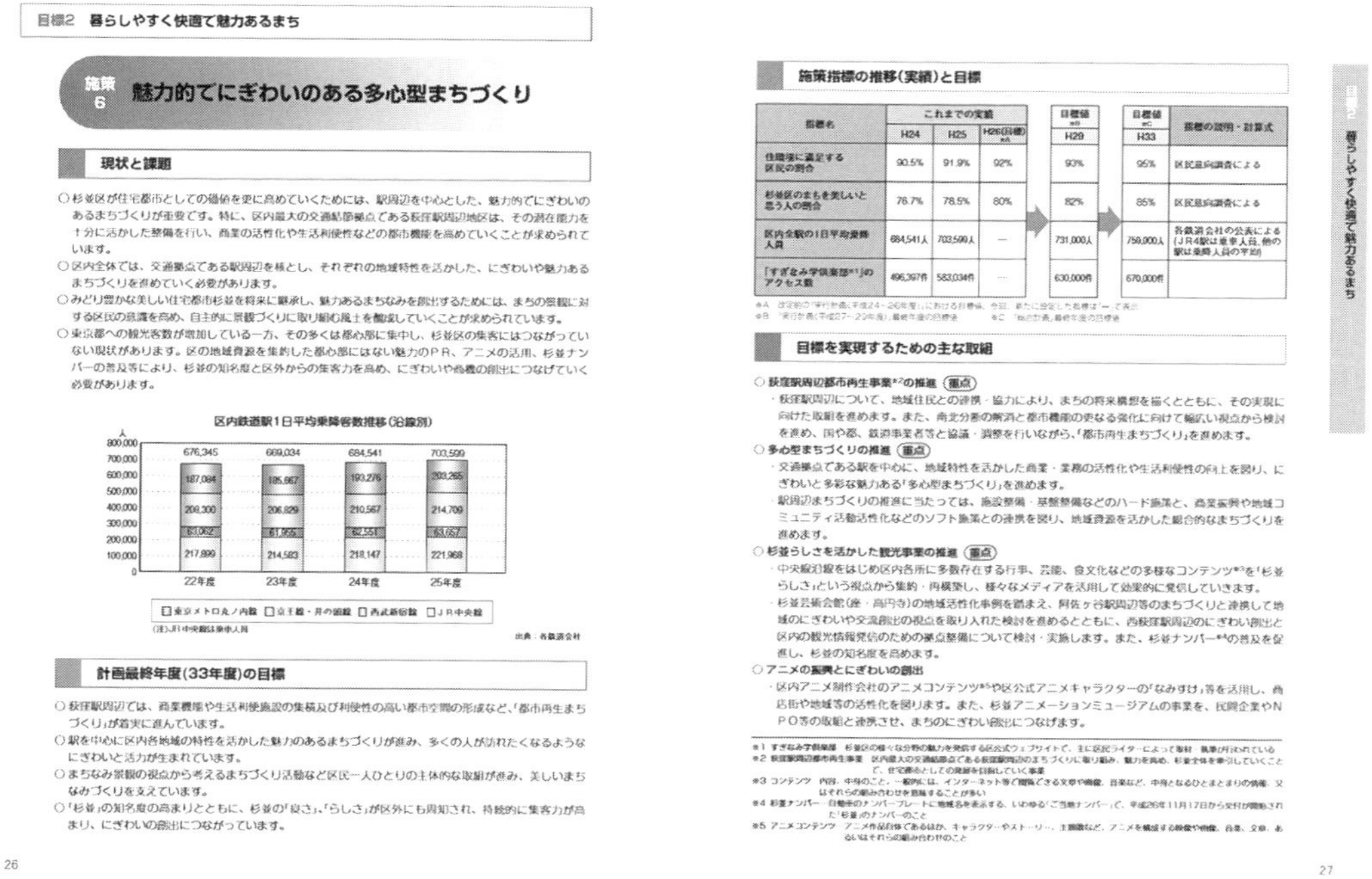

目標2　暮らしやすく快適で魅力あるまち

施策6　魅力的でにぎわいのある多心型まちづくり

現状と課題

○杉並区が住宅都市としての価値を更に高めていくためには、駅周辺を中心とした、魅力的でにぎわいのあるまちづくりが重要です。特に、区内最大の交通結節拠点である荻窪駅周辺地区は、その潜在能力を十分に活かした整備を行い、商業の活性化や生活利便性などの都市機能を高めていくことが求められています。

○区内全体では、交通拠点である駅周辺を核とし、それぞれの地域特性を活かした、にぎわいや魅力あるまちづくりを進めていく必要があります。

○みどり豊かな美しい住宅都市杉並を将来に継承し、魅力あるまちなみを創出するためには、まちの景観に対する区民の意識を高め、自主的に景観づくりに取り組む風土を醸成していくことが求められています。

○東京都への観光客数が増加している一方、その多くは都心部に集中し、杉並区の集客にはつながっていない現状があります。区の地域資源を集約した都心部にはない魅力のPR、アニメの活用、杉並ナンバーの普及等により、杉並の知名度と区外からの集客力を高め、にぎわいや商機の創出につなげていく必要があります。

区内鉄道駅1日平均乗降客数推移（沿線別）

（注）JR中央線は乗車人員

出典：各鉄道会社

計画最終年度（33年度）の目標

○荻窪駅周辺では、商業機能や生活利便施設の集積及び利便性の高い都市空間の形成など、「都市再生まちづくり」が着実に進んでいます。

○駅を中心に区内各地域の特性を活かした魅力のあるまちづくりが進み、多くの人が訪れたくなるようなにぎわいと活力が生まれています。

○まちなみ景観の視点から考えるまちづくり活動など区民一人ひとりの主体的な取組が進み、美しいまちなみづくりを支えています。

○「杉並」の知名度の高まりとともに、杉並の「良さ」、「らしさ」が区外にも周知され、持続的に集客力が高まり、にぎわいの創出につながっています。

26

施策指標の推移（実績）と目標

指標名	これまでの実績 H24	H25	H26(目標)※A	目標値※B H29	目標値※C H33	指標の説明・計算式
住環境に満足する区民の割合	90.5%	91.9%	92%	93%	95%	区民意向調査による
杉並区のまちを美しいと思う人の割合	76.7%	78.5%	80%	82%	85%	区民意向調査による
区内全駅の1日平均乗降人員	684,541人	703,599人	—	731,000人	759,000人	各鉄道会社の公表による（JR4駅は乗車人員、他の駅は乗降人員の平均）
「すぎなみ学倶楽部※1」のアクセス数	496,397件	583,034件	—	630,000件	670,000件	

※A　改定前の「実行計画（平成24～26年度）」における目標値。今回、新たに設定した指標は「—」で表示
※B　「実行計画（平成27～29年度）」最終年度の目標値　※C　「総合計画」最終年度の目標値

目標を実現するための主な取組

○荻窪駅周辺都市再生事業※2の推進（重点）

・荻窪駅周辺について、地域住民との連携・協力により、まちの将来構想を描くとともに、その実現に向けた取組を進めます。また、南北分断の解消と都市機能の更なる強化に向けて幅広い視点から検討を進め、国や都、鉄道事業者等と協議・調整を行いながら、「都市再生まちづくり」を進めます。

○多心型まちづくりの推進（重点）

・交通拠点である駅を中心に、地域特性を活かした商業・業務の活性化や生活利便性の向上を図り、にぎわいと多彩な魅力ある「多心型まちづくり」を進めます。

・駅周辺まちづくりの推進に当たっては、施設整備・基盤整備などのハード施策と、商業振興や地域コミュニティ活動活性化などのソフト施策との連携を図り、地域資源を活かした総合的なまちづくりを進めます。

○杉並らしさを活かした観光事業の推進（重点）

・中央線沿線をはじめ区内各所に多数存在する行事、芸能、食文化などの多様なコンテンツ※3を「杉並らしさ」という視点から集約・再構築し、様々なメディアを活用して効果的に発信していきます。

・杉並芸術会館（座・高円寺）の地域活性化事例を踏まえ、阿佐ヶ谷駅周辺等のまちづくりと連携して地域のにぎわいや交流創出の視点を取り入れた検討を進めるとともに、西荻窪駅周辺のにぎわい創出と区内の観光情報発信のための拠点整備について検討・実施します。また、杉並ナンバー※4の普及を促進し、杉並の知名度を高めます。

○アニメの振興とにぎわいの創出

・区内アニメ制作会社のアニメコンテンツ※5や区公式アニメキャラクターの「なみすけ」等を活用し、商店街や地域等の活性化を図ります。また、杉並アニメーションミュージアムの事業を、民間企業やNPO等の取組と連携させ、まちのにぎわい創出につなげます。

※1 すぎなみ学倶楽部　杉並区の様々な分野の魅力を発信する区公式ウェブサイトで、主に区民ライターによって取材・執筆が行われている
※2 荻窪駅周辺都市再生事業　区内最大の交通結節点である荻窪駅周辺のまちづくりに取り組み、魅力を高め、杉並全体を牽引していくことで、住宅都市としての発展を目指していく事業
※3 コンテンツ　内容、中身のこと。一般的には、インターネット等で閲覧できる文章や映像、音楽など、中身となるひとまとまりの情報、又はそれらの組み合わせを意味することが多い
※4 杉並ナンバー　自動車のナンバープレートに地域名を表示する、いわゆる「ご当地ナンバー」で、平成26年11月17日から交付が開始された「杉並」のナンバーのこと
※5 アニメコンテンツ　アニメ作品自体であるほか、キャラクターやストーリー、主題歌など、アニメを構成する映像や画像、音楽、文章、あるいはそれらの組み合わせのこと

27

目標2　暮らしやすく快適で魅力あるまち

図43　杉並区総合計画（10年プラン）（平成27～33年度）

あり概念図は図44です。

1　快適生活のまちづくり
2　産業創造のまちづくり
3　心豊かなまちづくり
4　福祉健康のまちづくり
5　計画推進のための行政の充実

「1　快適生活のまちづくり」では6番目に交通環境の整備があり、基本計画の現況と課題には以下のことが記されています。

本町における道路の実態については、東九州自動車道・国道10号・国道388号・及び県道として八重原~延岡線をはじめ5路線となっています。生活道路としての町道については、平成22年4月現在547路線、総延長167㎞となっています（現在整備中）。道路はあらゆる国民生活や社会経済活動を支える根本的な社会資本であり、高速自動車道網の早期完成及び国県道や町道を体系的に整備を図っていく必要があります。また、鉄道やバスなどの公共交通機関については、近隣市町村と連携して各種施策を実施し、日常生活に必要な交通手段の確保を図

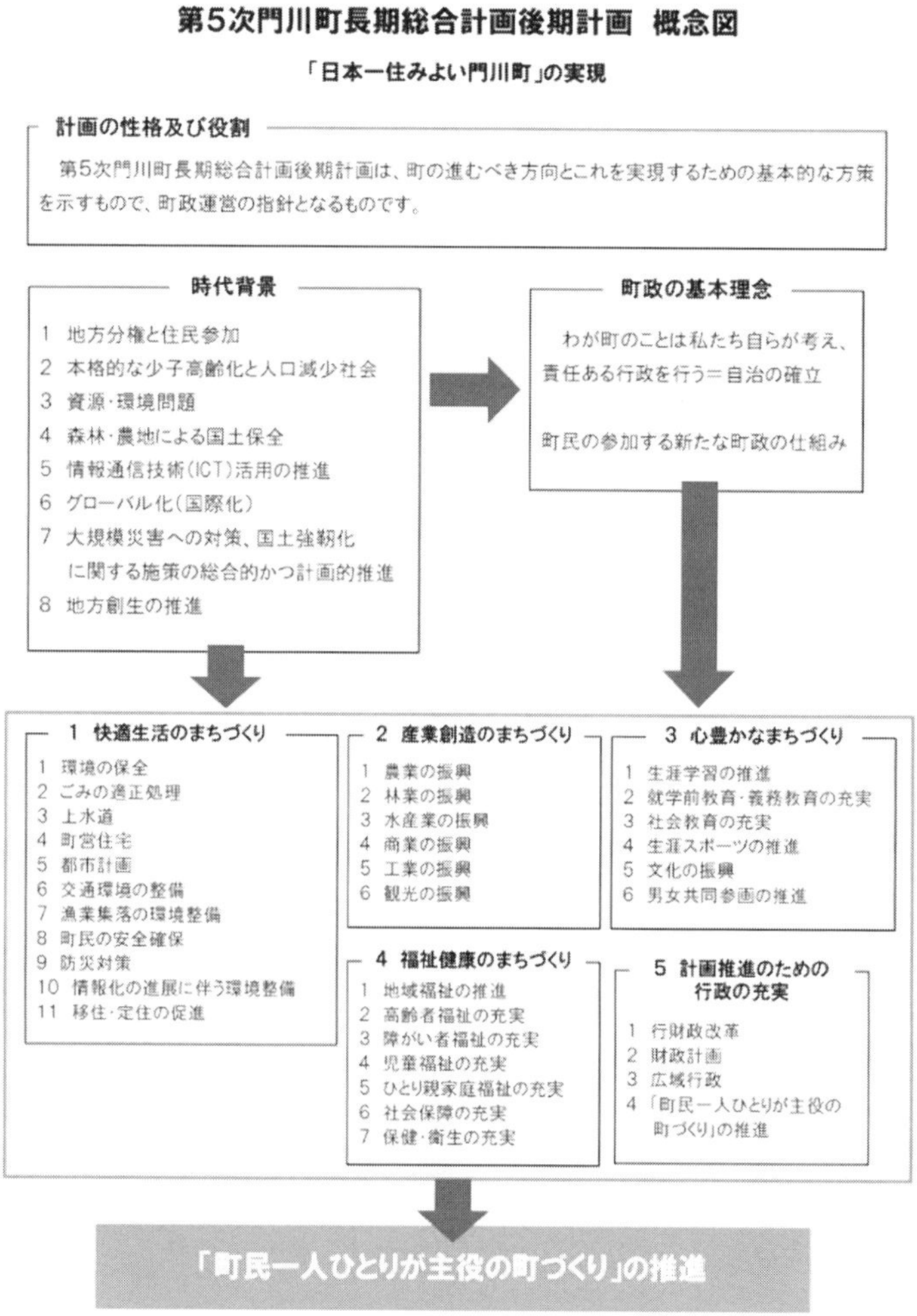

図44　第５次門川町長期総合計画後期計画

っていきます。しかし、過疎・高齢化によって今後さらなる交通弱者の増加が懸念されることから、引き続き有効な交通手段を確保していく必要があります。

都市部とは違い地方では交通インフラの整備が重要であることがここからわかります。

以上のように自治体の規模によってそれぞれ状況が違いますが、現状と課題を踏まえてこれからどのようなまちづくり実施していくのか記していません。今回は具体例を記しませんでしたが、2014年に総務省がそれぞれの自治体に対して公共施設等総合管理計画を策定するように要請したため、それぞれの地方公共団体が、公共施設等総合管理計画を作り公開を始めました。今後、人口減少によって公共施設などの利用需要が変化し、老朽化対策も考えなければならないため現状を把握して計画的に管理をしようというものです。すぐ想像できるものが学校の統廃合です。それだけではなく、道路や橋、トンネル、公園なども今後どうするのか、というのが課題になります。今年の8月にイタリアのジェノバで高速道路の高架橋が突然崩落することがありましたが、日本も他人事ではありません。みなさんの中には図書館や公民館、体育館などそれぞれの施設を使っている方はいると思います。今後、自治体としては施設の総量（総床面積）を減らす、新しく作らない、新しく作るとしても複合施設にするという動きになります。2033年になるとバドミントンや卓球をするために家の近くにあった体育館を使っていたが統廃合の関係で使えなくなるということは考えられるのです。

総合計画と公共施設等総合管理計画はリンクし、公共施設はまちづくりの目玉のひとつです。両方を読んでおいた方が、今住んでいるところに今後も住み続けるか否かを判断する材料のひとつになると思います。

4 日本の山をどう活かすのか

みなさん、今からスマートフォンかタブレット、パソコンを使って Google の検索バーに日本と入れて航空写真の日本地図を表示してください。同様にスペインの航空写真を表示してください。ぱっと見比べた感じで気づいたことがあると思います。日本は緑色が多いのに対してスペインは緑より茶色が多いような気がしたと思います。みなさんの中には生まれも育ちも東京の方はいると思いますが日本には山に木があり、ヨーロッパの中でもスペインは山に木がないことの方が多いのです。

もう少し航空写真を動かしましょう。日本地図を東京、名古屋、大阪の都市名が表示されるくらい少しズームすると緑ではなく白い場所が出てきます。人が集中して大都市となったからです。一方でスペインはマドリードに向けて少しズームしてみましょう。日本と違って山に緑が少ないところがよりわかると思います。木があって緑色になっているのが固まっているようです。マドリードから南に行ったグラナダも少し見ましょう。ここでひとつ疑問に思ったと思います。なんでスペインには山に木がないのか。

マドリードは夏は暑く雨が少ないです。雨が少ないと農作物を作るのは大変で、家畜を増やして食料を確保するしかないため山を牧草地にしました。ヨーロッパによっては山に木が少なかったり、ないのは家畜を増やすために切り開いたからです。私より上の世代はアニメのアルプスの少女ハイジを知っている方が多いと思いますが、アルムの山小屋周辺には日本の山のようにたくさんの木はありませんし、ハイジの友達でヤギ飼いの少年ペーターを思い出す人は多いと思います。アルプスの少女ハイジを知らない方は「家庭教師のトライ」のテレビCMを見ましょう。

私は週に1度だけですが、山梨県にある都留文科大学で授業をするために新宿から特急に乗って大月で乗り換えて都留文科大学前で下車します。東京と違って空気はきれいです。八王子に電車が停車すると山が見え始めて高尾を通過して以降は山に囲まれた線路を走り、山に木があって線路に入らないように伐採している方を見ます。図45は都留文科大学附属図書館のテラスから撮ったものです。山が続いて自然豊かです。東京に長くいると写真のように森林が多いことを忘れがちで、地方で災害があって、テレビの中継で土砂崩れなどの映像を見てそのとき山を意識している方はいると思います。

では、このような現在の日本の風景は２０３３年にはどのようになっているのでしょうか。私は山の維持と管理は課題だと考えます。山は人口が減れば維持するのは大変です。こう思ったのは2

図45　都留文科大学附属図書館のテラスから

017年7月九州北部豪雨の被害の様子です。木がそのまま倒れて場所によっては被害を大きくしました。今でもあのようなことになるのでは、今後、手入れする人が減ってもっと被害が大きくなることはあるでしょう。山を維持するためにはお金と人材が必要で、自宅の庭の草刈りをさぼると景観が悪くなりますが、山も同様で定期的に木の手入れをしないと土の保水力も低下して雨がいっきに降ったときは地滑のリスクが高まります。2018年4月22日の福井新聞の朝刊の社説に「増える所有者不明土地　政府は解消へ本腰入れよ」という見出しで所有者不明土地問題について取り上げ、記事には「団塊の世代の高齢化に伴い、その子どもたちが遺産を引き継ぐ大量相続時代が到来する。民間研究会の推計によると、現状のままだと40年には全国で不明の土地の面積が約720万ヘクタル、北海道の約780万ヘクタルに近づくとしている」とあります。

木ではなく竹のことですが、2018年5月4日「西日本新聞」朝刊には「あなたの特命取材班=近隣襲う竹林　管理限界　相続の80代　資金が底　放棄は法で認められず」の見出しで記事によると、ある60代後半の住民が、家の裏の崖から竹が落ちてきて、雨どいにすっぽりと竹がはまっていることもあるという。住民が行政に助けを求めた結果3回竹を切りに来てくれたが、4回目はなく、理由は個人所有の土地なので行政が介入するべきではなかったと。その土地の所有者は80代の女性で夫の相続によるもので、不動産業者や役所に引き取ってもらえないか頼んだら、使い道がないと断られ、斜面が崩れたときには行政から対応するように言われ工事などをしてお金がかかり、今では年金暮らしで業者を雇うことはできないという。

この記事は竹でしたが木も同様のことが言え、今後、このように山の維持が困難なことは多発するでしょう。所有者が困っている場合は国やその土地の自治体が引き取るなどの対応をしていかないと紹介した新聞記事のように所有者不明の土地面積は増えます。もしくは、隣国の外国人が「その土地買うよ」と言ったら喜んで所有者は手放すでしょう。それでいいのでしょうか。

緑豊かな山をこれからも大切にしていくには個人の力では限界があり、公的機関の力も必要です。私はいっそうのこと、ヨーロッパからの観光客にどんどん見てもらって、観光地の一つにしたらいいと思います。前段で示したようにヨーロッパの中には山に木がないところがあります。景観そのものがいいのです。見に来る人が増えればきちんと管理する必要性が自然と高まります。もうひとつ、伐採した木は地産地消などでどこの山の木からなのか、というのを広く知った方がいいと思います。その方が消費者は山を意識するでしょう。私が最初に働いた職場の山梨県山中湖村にある山中湖情報創造館は木造平屋建で山中湖村にある木を使い、冬になると梁の乾いた音がして木の感じがします。宮城県の大崎市図書館は「地元の木の良さを知ってもらいたい」という思いがあり、地元の木を多く使った建物になっています。

図書館によっては木や森林、森のしごと、木の文化や職人の技について楽しく学べる林野庁が作成したパネル・イラストを展示しているところもあります。展示の担当者は、「最近は山村地域の高齢化・過疎化もあり、元気を失う山が増えています。木は使ったら、植えて、育てて、伐って、また使うという循環で元気を取り戻すことができるので、直接、山を手入れすることはできなくても国産材を使えば循環を後押しすることにもなるので知ってほしい」と話しています。

5　田畑の風景

今年の7月、久しぶりに茨城県に行くことがありました。子どものころに特急スーパーひたちに乗りたいため土浦に行ったり、大学生のときに偕楽園の梅まつりに行くため上野から特急フレッシユひたちに乗っていました。取手を過ぎて藤代に向かう途中で突然、電車内の電気が消えて真っ暗になったときはテロと思ったのですが、どうやら直流電化区間と交流電化区間の境だったようで、乗り慣れていなかったり車内で音楽を聴いていたら驚いたと思います。私が大学生のときに乗った常磐線は白地に青の帯が塗装されているもので白電と呼んでいるものでした。なぜかわからないのですが、始発駅の上野から乗るとサラリーマンが車内でワンカップ大関や缶ビールを飲んだり亀田の柿の種を食べているのを見たことがあります。東京駅始発の中央線ではそのような光景は見たことなかったたったです。地域差があったのでしょうか。

音楽が好きな方は電車に乗って茨城県に行ったことはあるかもしれません。ロック・イン・ジャパン・フェスティバルの会場が茨城県ひたちなか市にある国営ひたち海浜公園で、アクセスは電車だとJR常磐線の勝田駅だからです。

今年、私が品川から特急に乗ろうとしたら特急の名称と車両は新しくなっていました。車内から見る景色は昔とほとんど変わっていなく、松戸、柏までは都市という感じがし、利根川を越えて取手を過ぎると車内から田畑をよく見るようになります。土浦の駅を通過して、うなぎのかしむらを超えるとれんこん畑をよく見ます。れんこんはの生産は全国で茨城県が1位で、土浦市で一番作られています。図46は車内から撮ったれんこん畑とその他田畑の様子です。

田畑は場所によってはクマやイノシシが山から降りてきて荒らすため情報番組で話題になります。場所によってはシカ、カモシカ、サルが田畑を荒らして農家が困っている映像を番組では流しています。テレビを見ているとその困っている農家が高齢者であることが多く、20代、30代の農家が「シカに食べられてた」と言っているのは見ていません。表23は農林水産省の農業就業人口及び基幹的農業従事者数を整理したものです。「農業就業人口」とは、15歳以上の農家世帯員のうち、調査期日前1年間に農業のみに従事した者又は農業と兼業の双方に従事したが、農業の従事日数の方が多い者で、「基幹的農業従事者」とは、農業就業人口のうち、ふだんの主な状態が「仕事が主」の者を言います。両方の平均年齢がずっと60代後半です。平均が60代後半では20代、30代とは違って体力は落ちているし、何か対策をするにもすぐできるわけではありません。

農林水産省の「全国の野生鳥獣による農作物被害状況について（平成28年）」によると、鳥獣による平成28年度の農作物被害については、被害金額が約172億円で前年度に比べ約5億円減少（対前年3％減）、被害面積は約6万5千haで前年度に比べ約1万6千ha減少（対前年19％減）、被害量が約49万tで前年に比べ約1万t減少（対前年2％減）しました。主要な獣種別の被害金額については、シカが約56億円で前年度に比べ約3億円減少（対前年5％減）、イノシシが約51億円で前年度に比べ約6千万円減少（対前年1％減）、サルが約10億円で前年度に比べ約6千万円減少（対前年5％減）しています。

農家は高齢化、農作物の被害はそれなりにあり、2033年には今の田畑はどうなるのでしょうか。田畑を維持する人がしだいに減っていきそのまま放置されると、野生動物はここも普段来ていないところだと思うようになり、ますます私たちが目撃することが多くなり襲われるリスクも高まり

図46　車内から撮影した田畑

表23　農林水産省の農業就業人口及び基幹的農業従事者数

（単位：万人、歳）

	平成22年	平成27年	平成28年	平成29年
農業就業人口	260.6	209.7	192.2	181.6
うち65歳以上	160.5	133.1	125.4	120.7
平均年齢	65.8	66.4	66.8	66.7
基幹的農業従事者	205.1	175.4	158.6	150.7
うち65歳以上	125.3	113.2	103.1	100.1
平均年齢	66.1	67	66.8	66.6

出典：「農業就業人口及び基幹的農業従事者数」より作成

ます。もっと困るのが人による粗大ゴミの不法投棄です。手入れをしていなくて草がぼうぼうに生えたままだと「ここは誰も見ていないから大丈夫だろう」と思ってタイヤ、冷蔵庫、扇風機など投げ込まれます。

図書館によっては農業支援サービスを行っているのですが、野生動物による農作物対策というのはほとんどないです。農林水産省のウェブサイトには「鳥獣被害対策コーナー」があり、マニュアルをＰＤＦで読んだり、動画を見ることができ、「田畑全体を柵で囲うことが大事」などためになる情報がたくさん紹介されています。15年後、今の田畑が荒野になっていなければいいですね。ロック・イン・ジャパン・フェスティバルに行くために毎年ＪＲ常磐線に乗っていると田畑が荒れているのか維持できているのかわかると思います。

都市部で生活していると農作物を消費するだけで作り手の苦労はテレビで取り上げられたときくらいしかわかりません。スーパーで野菜を買うときに「農家は大変だ」と思うだけで少しは日本の農業に意識を持つことができるでしょう。

6　生で食べることができる小松菜

みなさんは小松菜をどれだけ食べますでしょうか。「小松菜より、ほうれんそうを食べる」と言う人もいるでしょう。小松菜は栄養価高く、文部科学省の「日本食品標準成分表2015年版（七訂）」によると可食部100gあたり、カルシウムは小松菜170㎎に対して、ほうれんそう49㎎、鉄は小松菜2・8㎎、ほうれんそう2・0㎎、ビタミンCは小松菜39㎎、ほうれんそう35㎎です。

小松菜と名付けたのは徳川家光、徳川綱吉との説がありますが、徳川吉宗が今は一般的です。葛西領は徳川家の鷹狩を行う場所でよく行っていました。吉宗が休憩場所に立ち寄ったときに餅の清まし汁に冬菜を添えたものを食べました。吉宗がこの青菜はおいしいな、何というと聞いたところ名前がない。では、この地（小松川）にちなんで小松菜と名付けよう、と。

篠崎図書館で働いて初めて知ったひとつは生で食べることができる小松菜があるということです。洗ってドレッシングをかけるだけで食べることができる小松菜があるのは意外でした。

江戸川区、江戸川区農業系経営者クラブ、江戸川花卉園芸組合と青森県の弘前大学は「えどがわ農業産学公プロジェクト」を2006年に発足し、地元農産物のブランド化支援事業の運営と推進を目的にしています。その成果としてサラダ小松菜ができ、石井農園と真理子伊知郎農園で作っています。

石井農園で作られているサラダ小松菜は篠崎図書館がある篠崎文化プラザ3階にある江戸川区の特産品や工芸品の紹介販売も行っている伝統工芸カフェ・アルティザンで購入することができます（図47）。ここのカフェではサラダ小松菜を使ったドリア、小松菜のトマトパスタ、小松菜ジュー

図47　サラダ小松菜

ス、小松菜クリームスムージーを飲食することができます。石井農園では「なまかち」という品種で作っています。えぐみがなくて食感がやわらかいです。真理子伊知郎農園では「きよすみ」という品種で作り、口に入れたときに少し甘みがあります。

２０１４年に地域資料を担当している館員が「小松菜を作っている農家の方による講演会を図書館で行うのはどうでしょう。江戸川区の特産品である小松菜について、小松菜と江戸川区との関わり、栽培方法、農家として大変なこと、お勧めの食べ方、小松菜関連の商品、歴史に根付いた江戸川区の身近な特産品であることを江戸川区内に住んでいる方にＰＲできます。そこのカフェで販売している小松菜関連商品をアピールすることができます」と熱く語っていました。私は「ぜひ、行いましょう」と答えて準備をお願いしました。２０１５年1月に真理子伊知郎さんによる講演会「魅力あふれる江戸川の小松菜~江戸川区農業経営者クラブ会長に聞く~」を行いました。話の途中で違う品種の小松菜「きよすみ」「みなみ」「後関晩生（ごせきばんせい）」の紹介がありましたが、ぱっと見た感じ違いはわかりません。試食があり、食べ比べるとそれぞれ特徴があっておもしろかったです。地元の生産者からお話を聞くのはあまりないので、愛情をもって農業をされていることがわかり、小松菜のことだけではなく都市農業について知ることができ勉強になりました。

江戸川区の小松菜を使った商品はいろいろあります。小松菜焼酎、小松菜アイスクリーム、小松菜うどん、小松菜そば、小松菜カレー、小松菜ドレッシングなどなど江戸川区内のお店で購入することができます。気になったらぜひ、スマートホンやタブレットで検索してみてください。

みなさんが住んでいる地域にはどんな特産品や名産品がありますか。役所のウェブサイトで産業振興課のページを見るとわかるかもしれません。新たな発見があるかもしれません。地元をより好きになるかもしれません。もし、名産品がないとなれば大変ですが作ってみましょう。まちおこしになります。

7 孤独死を防ぐために定年退職後の散歩コースに図書館を

今年の4月初旬に、東京都内で2月から3月に2人暮らしの高齢者世帯の住人がともに亡くなっているのが見つかったケースが少なくとも6件あったとのニュースを見て、これから孤独死と同じように増えていくのかと思いました。今後、地方より東京都内の方が孤独死、2人暮らしの高齢者が亡くなっている新聞記事やニュースを目にすることでしょう。

一般社団法人日本少額短期保険協会が2018年3月2日に発表した「第3回孤独死現状レポート」によると、東京23区で1人暮らしをしている65歳以上の人が自宅で孤独死した数は2003年では1451人で以後も右肩上がりに増え、2015年には3127人になり、3日以内に発見されたのは39・8%、4日から14日までに発見されたのは28・8%でした。内閣府の「平成29年版高齢社会白書」によると孤独死を身近な問題と感じる（「とても感じる」と「まあ感じる」の合計）人の割合は60歳以上の一人暮らしでは45・4%でした。現在でこのような高い割合となると2033年には単身の高齢者は多くなるので50%は余裕で越えているでしょう。

孤独死を防ぐ方法はなんでしょう。よく言われるのはお友達。みなさんはお友達はどれだけいますでしょうか。私はそんなに多くはありません。ゆるくつながっている方はそれなりにいます。それを友達と言うのかどうかは難しいものです。SNS上でつながっているけど年に数回しか会っていない場合は友達と言っていいのでしょうか。「飲友達」は一般的によくいっしょに酒を飲む友達だと思いますが、お酒を飲めなくなると友達ではなくなるのでしょうか。

たまに行く飲食店でよくお見かけする60代前半の方がいて、その方が帰ったあとに店主から「○○さんは2日1回の割合で来ているんですよ」と。肝臓が強いなと、お金が余るくらいあるんだろうなと思います。よく行く飲食店があれば、もし自分自身に何かあった場合「あの人最近は来なくなった」と話題になるでしょうが、それで終わりで、後から「引っ越した」「入院した」「亡くなった」と風の便りが聞こえてくるだけだと思います。

次によく言われるのが地域のつながりです。先ほどの内閣府の「平成29年版高齢社会白書」によると、現在住んでいる地域での付き合いの程度について、60歳以上の高齢者をみると「付き合っていない」(「あまり付き合っていない」と「全く付き合っていない」の計)とする人は、女性19・8%に対して男性25・3%となっています。

私は孤独死を防ぐひとつの方法として図書館があると思います。歩けるのであれば、散歩のコースに入れましょう。図書館は無料の施設で、入るのにお金はかかりません。当日の新聞や最新の雑誌を読むことができます。図書館の現場にいたときによくそのような感じのお客さんはいました。図書館の外でお客さん同士で仲良くなって話している姿を見たこともあります。高齢になるとそう毎日、外でお酒を飲める体力はないし、そもそもお金に余裕がある方が少ないと思います。ある程度、図書館の雰囲気になれたら図書館で行っているイベントに出てみましょう。昔の映画の上映や作家による講演会などさまざまな催し物が行われています。もちろん無料です。参加しているとお友達ができるかもしれません。

本を家で読んだり、音楽を聴きたくなったら今度は図書館の貸出券を作って本や雑誌、ＣＤなどを借りましょう。もちろんお金はかかりません。借りられる期間が自治体によって決まっています。渋谷区の図書館では本や雑誌は30冊まで、２週間借りることができます。図書館には毎日多くのお客さんがくるので細かくは覚えていませんが、なんとなくあのお客さんは２週間に１回の割合で図書館に来ている程度の認識はあります。接客業ではある話です。おそらく、コンビニや飲食店で働いている方はよくお客さんの特徴を覚えていると思います。何をいつも買っているのか、注文しているのか結びつくので。

ところで、残念なパターンも想像できます。返却期限内に図書館で借りたものを返さないと督促があります。メール、電話、ハガキなどさまざまで、期間を決めて定期的に行います。このときにもし、借りている方がお亡くなりになっていたとしても図書館の職員はわかりません。ただ、ハガキは自宅に配達されるので、後で亡くなっていることを聞くことはそれなりにあるのかもしれません。

8 フラリーマンは図書館へ

雑誌『ＡＥＲＡ』（２０１７年12月４日号）には「フラリーマン始めました」とあり読みました。この記事には「今、家庭を持つ男性がまっすぐに家に帰らない。いや、帰れなくなっている。ＮＨＫは９、10月と連続で、そんな男性たちを情報番組で特集した。彼らは「フラリーマン」と呼ばれ、ひとり公園で酒を飲んだり、映画館やコンビニ、書店で長時間時間をつぶしたりしてから帰宅する」とあります。私はＮＨＫの番組は見ていないのでわかりませんが、ふたつ気になったことがあります。ひとつは家にいる子どもや妻の立場からすると「なにふらふらしているんだ」と思うのです。「こっちは走らないといけないくらい忙しいの」と言いたくなるのではないかな、と。「私だってふらふらしたいときだってあるのに」と思うより目の前の子どものことで手一杯の様子が想像できます。もうひとつはフラリーマンをやりたいなら図書館がお勧めです。無料で本や新聞、雑誌が読めるし、付帯設備が使えます。

結婚して子どもがいる家庭だとお小遣いは毎月ほぼ定額で、しかもそんなに多くはもらっていない方が大半だと思います。公園で酒を飲むのは居酒屋に行くより安くあがると思いますが、そうそう毎日だと出費としてはかなりの金額になるでしょう。仮に１日５００円で20日間、公園でお酒を飲むとすると１万円になります。毎日のお昼ごはん、コンビニで飲み物を買ったりするとあっという間にお小遣いがなくなってしまいます。公園は冬は寒く、梅雨やゲリラ豪雨、台風などがあるし、夏は蚊がいて刺されるリスクがあります。いつも快適に使えるとは限りません。ネットカフェやマンガ喫茶もそこそこの出費です。困ったときは図書館へ一度行ってみてはどうでしょうか。

最近の図書館は夜遅くまで開館しています。私が在籍していた篠崎図書館は夜21時30分まで開いています。東京都内では22時まで開館しているところは葛飾区立中央図書館、葛飾区立立石図書館、台東区立はばたき21情報コーナー、千代田区立千代田図書館、千代田区立日比谷図書文化館、豊島区立中央図書館、府中市立中央図書館、武蔵野プレイスがあります。21時45分まで開館しているところは新宿区内5館、目黒区1館あります。勤務先がある自治体の図書館もしくは自宅がある自治体の図書館のウェブサイト見ると何時まで開館しているのか簡単にわかります。そして東京都内の図書館は休館日が月1度だったり、毎週固定の休みが1日あるだけです。図書館に入るのに必要な書類はありません。ふらっと入ることができます。本棚にある本を自由に手に取って読むことができ、当日の朝刊と夕刊の新聞を読むことができます。最新号の雑誌は貸出はしていないので館内でページをめくることができます。

本を読むだけではなく、図書館によってはパソコンを持ち込んで作業ができる机があります。Wi-Fiに接続することが可能なところが増えてきました。パソコンを持ち込めなくてもインターネットに接続できるパソコンがあります。もちろん無料で使えます。

私は今の時点では結婚はしていないし、子どもはいませんので、フラリーマンの気持ちは深くは理解できていないと思います。そもそもフラリーマンになるのは家庭の問題なのか、企業の残業撲滅の影響なのか、社会の風潮なのか分析が必要だと思います。フラリーマンは主に男性を指す言葉に使われていますが、反対に女性はどうなんでしょうか。結婚して子どもはいて、バリバリ仕事をしている女性はいます。たまには交代で女性がフラリとできる環境を作った方がお互いにストレスが溜まらなくていいと思います。

9 受験生が図書館で勉強するなら図書館の本も活用しよう

図書館には特定の時期になると中学生や高校生が席を求めに来館します。図書館のカウンターで席の受け付けをしていると「あっ、そろそろ中間試験か」と。特定の月になると図書館は中学生と高校生の勉強部屋状態になることがあり、「本が読める席がない」と言うお客さんもいます。普段、読書していた大人がたまたまタイミングが悪くて席がないと「彼らは図書館の本を使っていない。受験勉強しているだけで、私は図書館の本を読もうとしているのに」と言う方もいて対応に困っている図書館はあります。図書館によっては「図書館の資料を利用していただくための席です」と明示しているところもあります。いっそうのこと、図書館とは別に自習室があってもいいのではと思うこともあります。今は図書館の課題のひとつです。

図48　篠崎図書館の閲覧席

　篠崎図書館も他の図書館と同様に中学生と高校生がいっとき集中して利用が増えるときがあります。まじめに勉強している方がいる一方で、一部はお菓子を食べていたり、紙パックのジュースを飲んでいることを見ることがあり、もちろん注意します。高校生が受験生になると夕方から閉館の21時30分まで席で赤本を開いているのを見ます。

　篠崎図書館の閲覧席は壁側に席があります（図48）。壁に向かって座り後ろは通路になります。したがって、一般のお客さんからも席の状況がわかります。私も館内の巡回をするときになんとなく席の方に目を向けると使用している参考書がわかります。ざっと見た感じ、参考書はまだきれいだったりするものもあれば、手あかのような黒い色がついてボロボロになっているものがあったりで勉強の進み具合の差がわかります。私自身も懐かしいです。

私が高校3年生のときは山川出版社の『世界史用語集』（「世界史B」の教科書に記載されている歴史用語）はずっと手元に置いて休み時間には友達同士で出題し合ってどのページに書かれている項目なのか覚えていました。参考書や問題集をいろいろ買って解くというよりはひとつのものを徹底的に覚えるまでやりました。新しいものを手に取るのは不安だからと思います。新しい問題を解くことでやったつもりに陥りやすいです。問題集や参考書は意外とお金がかかり、受験生がいるお父さん、お母さんに対してあえて言うならば高校3年の11月に新しい参考書や問題集は買う必要ありません。せっかく図書館にきて勉強をしているのであれば図書館にある本を手に取るよう促してください。

ひとつだけ例を示します。世界史の勉強では『ラルース図説世界史人物百科』が参考になります。この本は人物をイメージした絵や写真が多く掲載されています。センター試験や私立大学で世界史を選択した場合、人物が写っている図や写真があり、「この人物が行った制度を選びなさい」や「この人物が首相だったときのフランスの社会状況はどのようなものか、次の選択肢から選びなさい」などのような問題を見ます。『世界史用語集』で言葉を暗記しただけでその人物の顔をある程度覚えていないと、解答できないときがあります。人物は名前と顔のセットで覚えるといいです。『ラルース図説世界史人物百科』は5巻まであり（1つは索引）1冊5800円し、受験生が買うのは負担になるでしょう。ほとんどの図書館では棚にありますので保護者がお子さんに紹介してみてはどうでしょう。そのときに「図書館の本だから蛍光ペンで線を引くと弁償になるよ」と伝えましょう。

報道によると大学入試センター試験が、２０２０年1月の実施を最後に廃止され、２０２１年1月からは大学入学共通テストに移行するようです。試験内容についてはいろいろ話題になっています。私は試験内容と同時に試験時期についても話題になってほしいと思います。1月は降雪の可能性があるのと、年末年始まで試験勉強するのは受験生とその家族が大変だと思います。いっそうのこと12月の3週目か4週目の土日に実施した方がいいと思います。この時期になれば試験会場の大学は冬休みになっているところが多いです。4週目だと関係者が「年末なのになんで試験の仕事をするんだろう」と思うかもしれませんが。図書館が受験生ばかりで「本が読める席がないじゃないか」という苦情も減ると思います。ただ、２０３３年になれば子どもは減っているのでそもそも中学生や高校生の受験勉強で図書館の席がいっぱいということもなくなっているのではないかと思います。

10 おまわりさんが駆けつけてくれるまで7分5秒

みなさんは110番通報したことがありますか。もちろんない方がいいです。さりとて、そうなったときにきちんと動けることが重要です。私は外にいるときに何度かあります。たとえば歩いているときに外国人同士で殴り合っているのを見たので携帯電話で通報。夜の住宅街を歩いていると家の中にいると思われる男女が外に聞こえるほど言い合って食器が割れる音が何回も続いたので通報。スーパーで買い物をしていたら「万引き！」と年配の女性が大柄の男性を外で取り押さえようとしていて、みんな見ているだけで何もしていないので、夕方のニュースの時間に万引きGメンの様子を見たことがあって「あぁ、本当にあるんだ」と思いながら通報。110番通報すると「事件ですか、事故ですか」と最初に聞かれます。その後、「当事者ですか、目撃者ですか」「場所はどこですか」「いつですか」「どんな様子ですか」「犯人の身長、服装などは」と聞かれます。警察を呼んだときに場所が言えないといけません。住所がすぐ言えないときは近くの自動販売機に貼ってある住所を言えば大丈夫です。住所表示ステッカーといいます。お金を入れるところの近くかおつりが出る近くに貼ってあります（図49）。「すぐ近くの自動販売機に港区南麻布5丁目7番29号とあります」と。自動販売機が近くにないときは郵便ポストか電柱に書いてある住所を伝えましょう（図50）。「近くの郵便ポストに恵比寿3-49-1と書いてあります」と。初めて警察に電話するときは気が動転して手が震えるかもしれません。そうなると意外とすぐに現在地の住所を言えないです。建物の場所や名前を言っても警察はなかなかわかりません。住所なら一発で場所を特定してすぐかけつけてくれます。私の感覚ですと新宿区と港区は警察の到着が速く、3分から5分でかけつけてくれますが、通報して電話を切って待っている間の3分は思ったより長いと感じます。

5年間図書館の館長をやっていた中で篠崎子ども図書館では警察を呼んだことは1度もありません。篠崎図書館では何度もあります。私としては身の危険、他の人に迷惑と思ったら迷わず積極的に警察に通報すべきだと思ったからです。場合によるのですが、いきなり通報するのではなく、「他のお客さんの迷惑になっておりますこれ以上続くようですと警察に通報しますがいいですか」

図49　自動販売機

図50　郵便ポスト

と通告します。相手が「警察が来たからって何ができるんだ」と言って騒いだり暴言を繰り返すと110番通報をします。図書館で警察を呼んだときは警官が到着するまで平均すると8分でした。普段は8分くらいあっという間ですが、8分は長く感じます。最初は2名の警察官が到着して、数分後にもう3名到着という感じです。

ほとんどの場合は警察が図書館に来てその場で処理をして終わります。さっきまでの勢いはどこいったんだろうと思うことがしばしば。1度だけ事情を聴取するということで小松川警察署まで行くことがあり、図書館の仕事で警察署まで行くのは初めてだったので区役所に「○○があって警察を呼んで聴取を受けることになりましたので今から小松川警察署まで行きます。終わった区役所に報告に行きます」という感じで身支度しながら電話を入れました。小松川警察署と区役所は近いので終わったあと口頭で報告し図書館に戻ってから時系列でわかりやすい報告書を作成して提出しました。もちろん警察を呼んですぐ解決しても警察が帰ったら区役所には電話をして後で文書で報告しています。図書館で警察を呼ぶことがあるのか、と思うかもしれませんが、図書館で職員に対する暴力行為はあります。たとえば、今年の8月に佐賀市立図書館で女性職員を引き倒し、顔面を蹴るなどの疑いで逮捕された人がいました。

平成29年度の警察白書によると平成28年に110番通報受理件数は909万2710件で、これは約3・5秒に1回、国民約14人に1人の割合で通報があったことになります。通信指令室が110番通報を受理してパトカーに指令を出し、警察官が現場に到着するまでの平均は7分5秒。身の

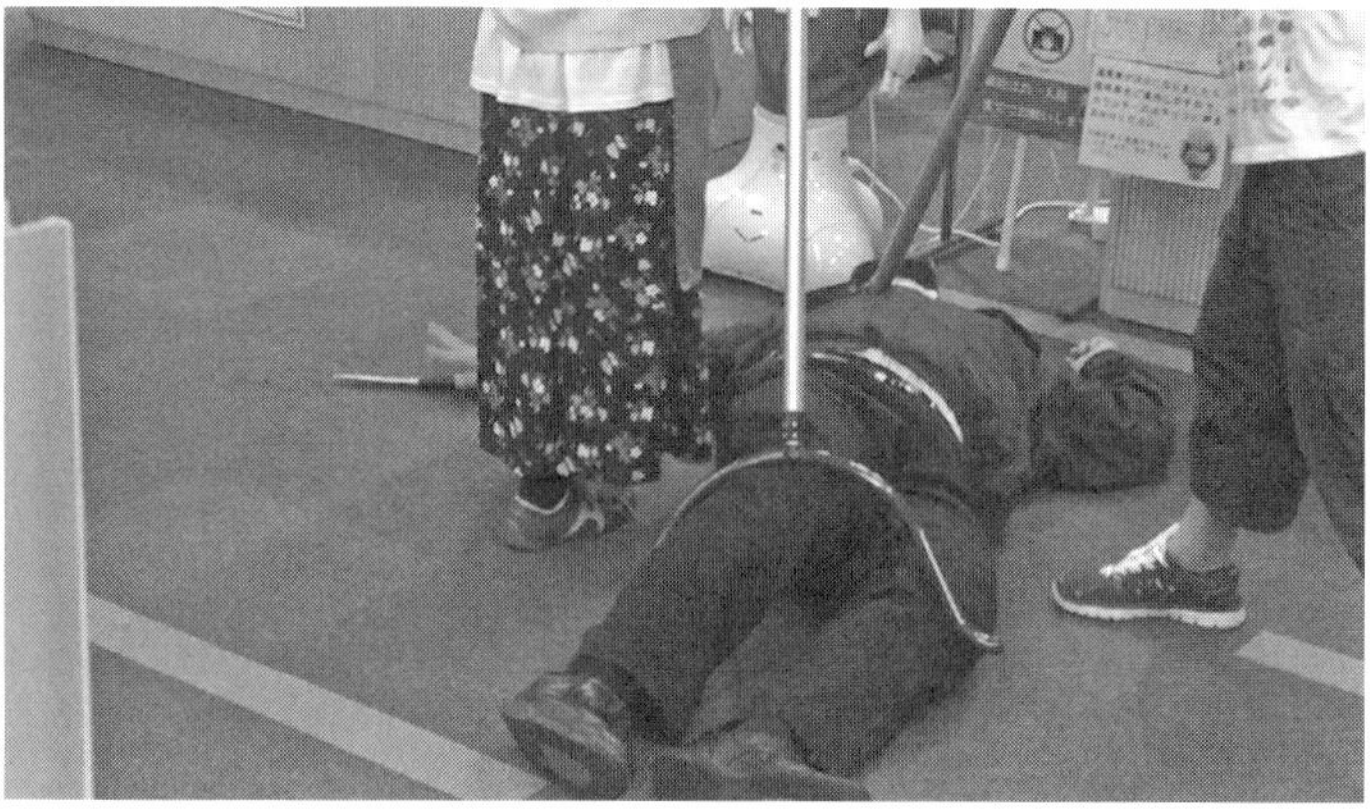

図51　防犯訓練

危険があったとき何かあったときに110番通報しておまわりさんが駆けつけてくれるまで7分5秒は耐えないといけないということです。

危機管理という観点から図書館職員に向けて防犯とテロ対策の訓練を小松川警察署に依頼をして、休館日に図書館で実施したことがあります（図51）。防犯訓練は不審者に対する声掛けの仕方、刺又の使い方、刺又がないときの対応、ひったくり対策を中心に1時間行いました。特に刺又は持ち方も含めてそれなりに使い方を知らないといざ使うとき相手に効かないで自分が攻撃を受けることがあります。職員向けに行ってみて思ったのは「生活している地域住民を対象にしてもあってもいいのでは」と。警察官は忙しいので元警察官が犯罪を未然に防ぐという観点で防犯講習会を人が集まる施設で数多く行うといいと思います。かえって警察が身近になり通報件数が増えるかもしれませんが、結局のところ安心・安全のまちづくりのために必要でしょう。

警視庁の「犯罪情報マップ」は町丁目単位で犯罪概要を見ることができ、ひったくり、侵入窃盗など何が多いのか、少ないのかを知ることができ、今住んでいる場所の様子がわかります。

11 テロ対策

録画しているドラマを休日に見ていると過激派組織やテロを思わせる内容があります。見ていると爆破があったり大きな話になっていたり、大きな話になるなと思ったらたいした展開になることはなく終わるものもあります。２０１８年は新年早々に「都庁爆破！」というドラマを放送していました。２０１６年元旦スペシャルとして放送された「相棒」では、赤いカナリアの元幹部を古谷一行さんが演じていて最期は銃撃されたり、他にも死人が出るなど、人が死ぬ様子を新年早々に放送しなくてもいいのではと思いました。内容が深かくてよかったので他の日に放送してほしかったです。テロを意識づけるドラマとして私がよかったものは「ＳＰ警視庁警備部警護課第四係」で、主演の岡田准一さんのアクションはかっこよかったです。

テロという言葉は英語の terrorism（テロリズム）の略です。語源としてはフランス語の terreur（テルール）からきています。『小学館ロベール仏和大辞典』を引くと terreur（テルール）は以下のように書いてあります。

1 （極度の）恐怖：《複数で》（激しい）心配、不安。
2 恐怖政治、圧政、暴政：《T〜》（フランス革命期のテロリズムによる）恐怖政治。
3 恐怖を与えるもの。
4 ［話し言葉］乱暴者。

1789年から始まったフランス革命期の恐怖政治が由来で、この恐怖政治という言葉は私が今手元にある山川出版の高校の世界史Bで使用する教科書に太文字で書かれています。少し話はそれますが右翼と左翼と言う言葉もフランス革命期に登場しました。テロという言葉ではなくてテルールと言っているドラマは見ないし、情報番組でもコメンテーターは発していません。大きなイベントがあると「テロがあるかもしれない」と心配したり、不安になります。爆発や銃撃そのものより恐怖に陥れることがテロリストの意図の場合があります。

最近のドラマや情報番組では海外のテロ組織について取り上げていることが多く、私は国際組織というよりは戦後日本のテロを踏まえるともう少し国内に目を向けた方がいいと思います。戦後史としては、あさま山荘事件、東京都千代田区丸の内での三菱重工爆破事件、東京都港区で起きた三井物産爆破事件など都心部でもいろいろあり、テロは身近なものです。

図52　不審物処理訓練

公安調査庁、公安警察だけに日頃の安全を任せるのは限界があると思います。なるべく私たち一般人が異変や違和感を持ったら速やかに近所の交番や警察に通報して未然に防いでいくべきだと思います。私たちが直接、動いて取り押さえるということはしなくてもすぐ通報することで警察が動けます。職務質問を行ったり捕まえることができて安心して生活ができます。自分が住んでいる地域や職場周辺は警察と私たちが一緒に治安を維持するという意識があった方がいいでしょう。私は仕事柄よく交番に行くことがあり、そのときの雑談で警察官は普段は交番がある地域に住んでいるというわけではなく、仕事でいることが多いと。パトロールはしているが、地域のことは地域に住んでいる方、仕事でほぼ毎日来ている方の方がよく知っている場合があると思います。不審に思うことがあったら通報しましょう。交番の警察官と話をしていたときに、両手をポケットに入れてうろうろしていたり、その場所の特定の物を見ているのではなく人をキョロキョロ見ていたり、大きい荷物を持っていたら注意した方がいいですと言われたことがあります。

危機管理という観点から図書館職員に向けて防犯訓練とセットでテロ対策の訓練も小松川警察署に依頼をして、実施したことがあります。テロ対策の話はいろいろあり、もし爆発物などの不審物があった場合はどうしたらよいのか実演をしてくれました。図52は不審物処理訓練の様子です。

イベントや施設にいるときだけではなく、電車やバスなどの公共交通機関を利用しているときも少しは意識をした方がいいです。スマートフォンの操作中や寝ているときも周りに何か不審なことはないのか気にかけましょう。

12　大規模地震に備えて

2016年11月に、10年前に図書館関係の研修に参加していたメンバー数人で横浜に集まって飲んでいました。そのときに神戸市立中央図書館の職員から「これよかったらどうぞ」といただいたのが料理研究家の白井操さんの『食から学ぶ震災の記録』でした。この『食から学ぶ震災の記録』は白井さんが阪神・淡路大震災を通じて見えた多くのことの中から食を切り口にしたエピソードを集めたもので、私は中でも山崎製パン株式会社のエピソードはなるほど、と思いました。震災直後、山崎製パンは災害対策本部を設置して1日約20万個届けていました。山崎製パンが届けたパンは総菜パンより甘いパンが多かったのは理由が2つあり、ひとつは生産効率の良さがあり、クリームやジャムなどが入ったパンは総菜パンに比べて機械で大量生産が可能だったこと。もうひとつは総菜パンが甘いパンより消費期限が短いことです。災被災者は大事に取っておいて翌日に食べたりしていたようで、そうなると日持ちするのは甘いパンです。ただ、避難生活が長く続くと「パンは飽きた」という声も出てきたと。白井さんは自分でも何か工夫を加えるなど食の力を身につけたいと。東京で首都直下型地震が発生したときは「パンは飽きた」「具が入っていないおにぎりは飽きた」というのは容易に予想できるので、日ごろから簡単にアレンジできる力が必要です。

神戸市立中央図書館では、阪神・淡路大震災関連資料の収集を行っており、2階に「1・17文庫」と表示をつけた本棚があり、震災関連資料室が一室あり、当時の様子を知ることもできます。

1995年1月17日に阪神・淡路大震災が発生したとき、私は小学6年生になる年で、あのときは朝早く起きていてテレビゲームをしていたら突然、家が揺れて母親が起きて食器棚を押さえていました。すぐにテレビをつけたら私が住んでいたところは震度4でした。神戸の街があのようになっているのはショックでした。というのも私はこのときまでここまで揺れる地震に遭遇したことはありませんでした。

2011年3月11日に発生した東日本大震災。私は当時、新宿区立角筈図書館で働いていてちょうど、お昼ご飯を食べているときに揺れました。みんなに「ひとまずに西新宿小学校に行きましょう」と声をかけました。館内に誰もいないことを確認して最後に建物を出て学校に向かっていると職員が「学校に入れません」と。驚きつつ、学校に行くと子どもたちが体育の授業をしていて門は閉まっていました。困った入れない。みんなで図書館近くにある新宿中央公園に移動しました。それぞれスマートフォンで検索したり、「電話がつながらない」と言ってました。結局、その日は図書館を閉めて新宿区立中央図書館長から「翌日は通常通り朝9時開館できるよう図書館に待機するように」と指示があったので私を含めて何名かは図書館に泊まり翌日9時に開館しました。

東日本大震災の後に2016年4月14日に発生した熊本地震、今年（2018年）9月6日に発生した北海道胆振東部地震があり、南関東直下地震の確率について一時期あおるかのようにテレビなどで報じていましたが、いつでもいいように割り切った方がいいと思います。防災ではなく減災の意識で過去の地震から学びそれぞれが対策をすることが必要だと思います。だから神戸市立中央図書館のように無料で誰でも開館中に寄れるところで、震災について常設で資料や展示パネル等を見ることができるというのは大変意義があることです。神戸に観光に行ったらぜひ神戸市立中央図書館に行ってみてください。

江戸川区の図書館で働いて勉強になったうちのひとつとして訓練の頻度が多かったことがあります。年10回ほどMCA無線（業務用無線通信システム）を使った防災無線訓練を本庁（区役所）と行っています。グループ通信、個別通信、電話モードにして本庁（区役所）の内線にかけたりいろいろ想定したシナリオで行っていました。今となってはたいていの職員は操作ができますが、最初は慣れないと電話の感覚で話すので会話のキャッチボールがよくできません。というのも、無線は聞きながら話すことはできないため、初めての職員には「無線は糸電話だよ」と言います。そのほかにも全庁的な職員防災訓練が行われ、職員それぞれが、勤務時間中に大地震が発生したと想定し、来庁者や各施設の来館者に対して避難誘導や施設の点検などを含めた各部の初動体制を確認するとともに、職員一人ひとりが果たすべき責務の意識づけを図るために実施していました。これとは別に篠崎子ども図書館がある江戸川区子ども未来館では、子ども未来館の館長が「開館中に来館者も参加した避難誘導訓練を行いたい」ということで1週間前に館内で行うことを告知して土曜日の午前中に訓練を行っていました（図53）。事前に子ども未来館の館長が区役所の防災危機管理課から災害用クラッカーや落下防止シートをもらってきたので、参加者に配ったり、一通り訓練が終わった後に非常食をみんなで食べました。

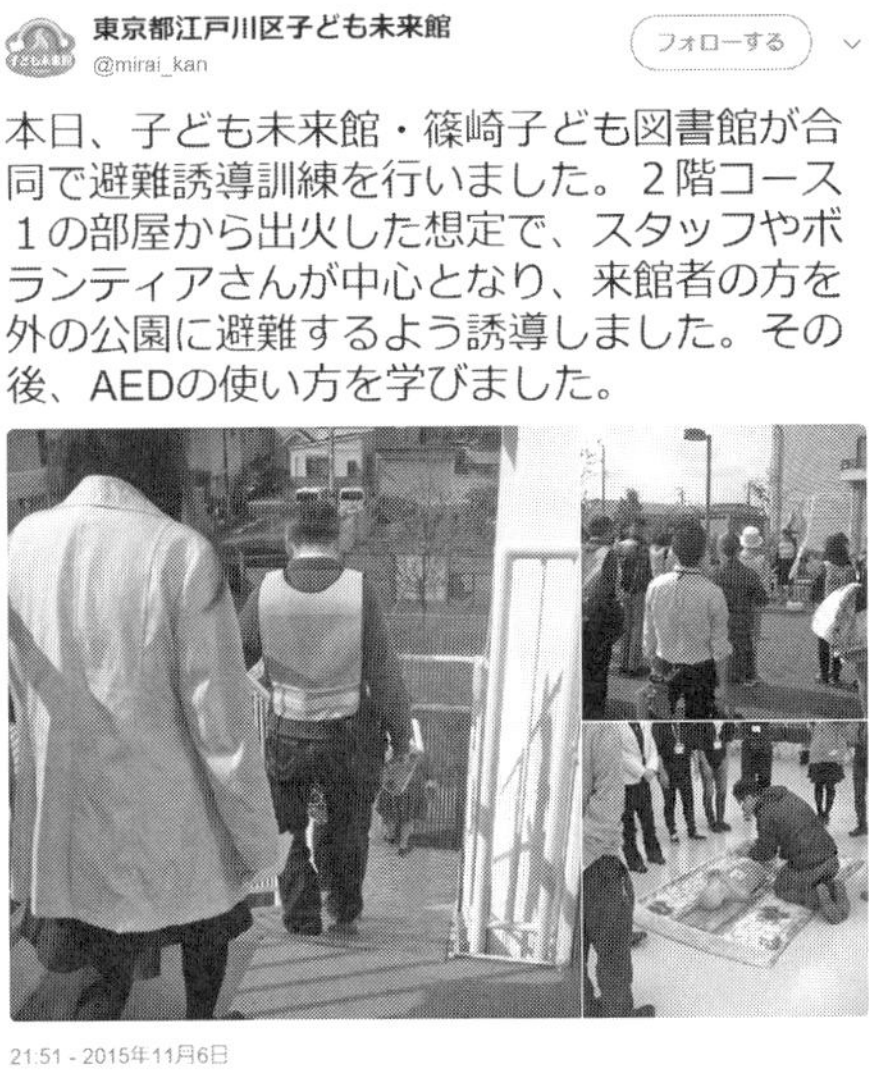
東京都江戸川区子ども未来館
@mirai_kan
フォローする
本日、子ども未来館・篠崎子ども図書館が合同で避難誘導訓練を行いました。２階コース１の部屋から出火した想定で、スタッフやボランティアさんが中心となり、来館者の方を外の公園に避難するよう誘導しました。その後、AEDの使い方を学びました。
21:51 - 2015年11月6日
図53　子ども未来館 Twitter

江戸川区で行っている訓練に参加して

みると、「大地震直後にいきなり学校に行っても学校は困るだけだ」と理解しました。災害直後の避難者を受け入れる緊急避難所があり、次に一次避難所、一次避難所が定員を超えた場合には避難所補完施設があります。これらはそれぞれ段階に応じて展開されます。自分が今住んでいる地域はどうなのか、少し調べてみると一時的に集まる場所はどこで、そこが火災延焼の可能性があると広域避難場所へという感じで自治体のウェブサイトに記されていました。東京都は２０１８年に「東京くらし防災」を出し、豊富なイラスト入りでわかりやすく紹介しています。公共施設で配布していますが、東京都防災ウェブサイトでは無料でＰＤＦ版を見ることができます。直下型地震や大規模災害のときにひとりでは対処しきれないことがあります。自治体によっては町会や自治会としてのまとまりは弱いところもありますが、あらためて近所づきあいを再考してみてはどうでしょうか。そうすれば何かあってもみんなで生き延びることができる可能性は高まります。また、年１回でもいいので町会や自治会レベルのまとまりで訓練を行った方がいいと思います。起震車に乗ったり、実際に消火器を使って消化体験をした方がもしものときに慌てなくて済むでしょう。

13　子どもの貧困を図書館から考える

２００６年４月から２０１８年３月まで図書館の現場で働いていて私の頭の中の片隅にいつもあ

ったのは貧困や格差です。特に図書館で働いている職員はホームレスとの距離感に悩んでいると思います。図書館の立地場所によりますがホームレスは雨など天候が悪いと図書館に来て寝ていることがあります。私は経験がないのですが、他の図書館の職員と話をしていると、図書館に来ているお客さんが役所に「あそこの図書館はホームレス対策をしていないのでなんとかしてほしい」と電話して、役所の方が図書館に事情を聞いて、対応するようにということがあるようです。私がある自治体の図書館で働いていたときに中央図書館から「自治体としてホームレス支援を力を入れて実施しています。にもかかわらず、図書館が本来の用途で使われないことはあってはならないことです。全職員がしっかり声掛けをしてください。声掛けを行う以上、トラブルを恐れないでください。対応にあたって腰が引けていることが最も良くないことです。私たちはホームレスを排除しているのではなく、公共施設の本来の用途を回復しようとしていること、支援事業は自治体として力を入れて取り組んでいるので、こうした支援事業で応えていくということを、しっかり認識してください。本来の用途で図書館に来ている人の利用を妨げるようなことのないように、しっかり対応してください」と指示がありました。

ちょうど、私が図書館で働き始めたころに、図書館の業界では課題解決型サービスというのが流行りました。たとえば、図書館が勤労者に対して仕事に役立つ資料や情報を提供したり、起業・創業を支援するビジネス支援サービスというものがあります。図書館が積極的に取り組んでいこうという姿勢です。一方で、日ごろから図書館のカウンターにいたり、館内で作業をしていると貧困や格差対策は図書館でどうやったらできるのか、と考えていました。ただ、図書館で働いていて徐々にわからなくなったのが子どもの貧困です。一言でいうならば隠れて見えません。私の感覚ですと2010年から子どもの貧困が見た目でわからなくなりました。図書館には子どもがたくさん来ます。小学校の学年が進むにつれて一人か友達と来館するようになります。ほとんど、今どきのファストファッションのような服装だったり、100円均一の商品を使っています。小学生でもスマートフォンを持っています。テレビや新聞、雑誌では子どもの貧困がテーマになっているときがありますが数年前ならなんとなく見た目でわかりました。今は子ども見た目では貧富の差はわかりません。

私は大学のときに初めて私立になってそれまでは公立の学校に通っていました。私くらいの世代までで公立に通っていた方なら子どもながらにクラスに1人か2人くらいは生活に厳しい家庭の方がいたのはわかったと思います。その時代には今でいうファストファッションというのはそんなになかったし、服を買うというのは少し大変でした。小学校だと私服が多いので毎日違う服を着るのは大変でローテーションがあったと思います。着ている服の袖と襟のくたびれた状態をみればなんとなく察することはできました。冬なのに半袖半ズボンの体操着でいる方も見たと思います。修学旅行当日に、体調不良で欠席している方もその学年全体で数名いました。だからと言って仲間はずれにするわけでもなく休み時間は外で遊んでお互いに泥まみれになります。私が初めて携帯電話を買ってもらったのは高校生（1999年4月）のときでドコモパナソニックの機種でした。このと

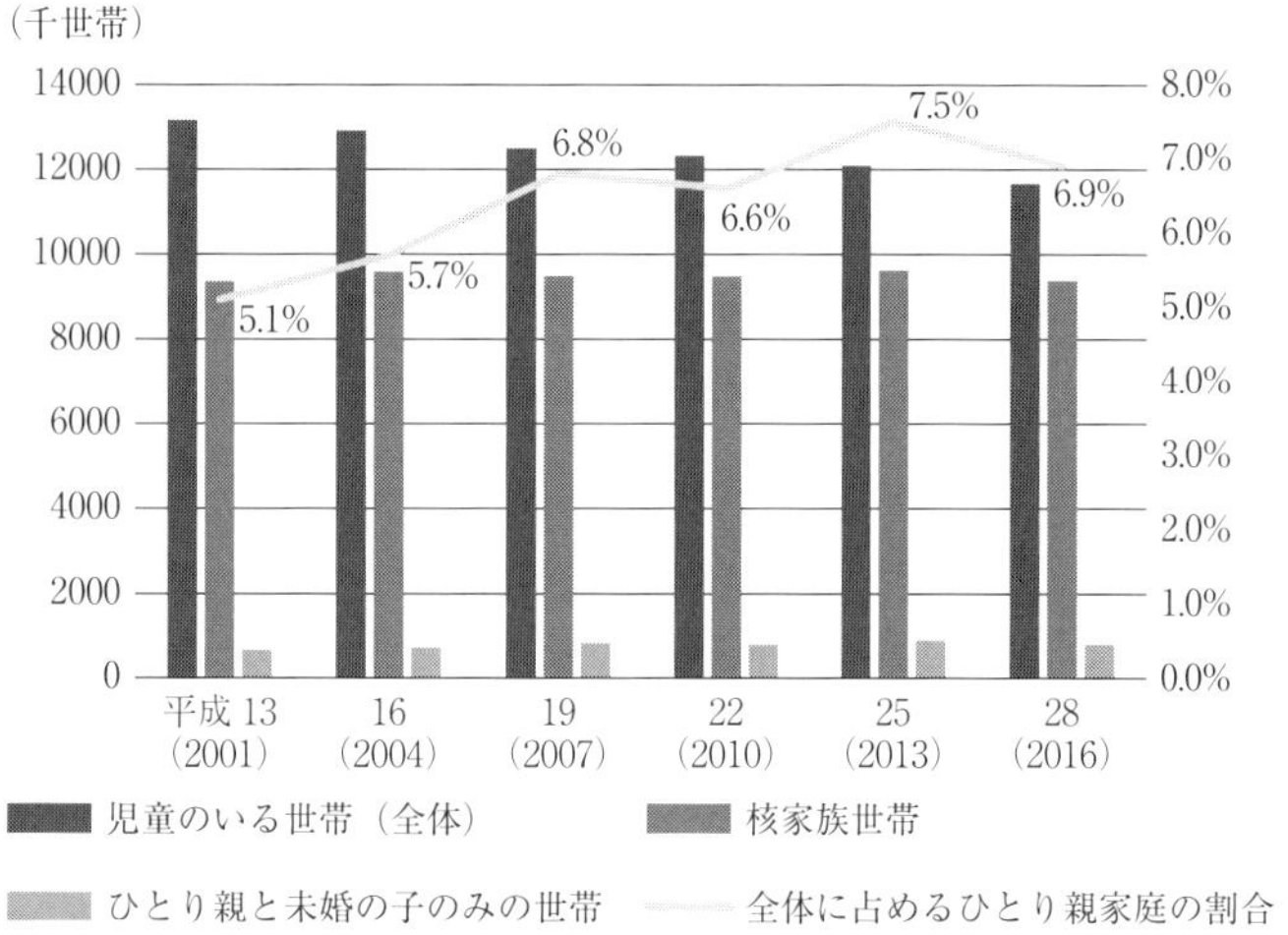

図54　児童のいる世帯

出典：内閣府「平成30年版　子供・若者白書」より作成

き、友達の中には「携帯電話は高いから親がダメって言ったから」「お金がないから」ということでＰＨＳの方もいました。

図54は「平成30年版子供・若者白書」に掲載されているものを整理し、児童のいる世帯を示したものです。２００１年は全体に占めるひとり親家庭の割合は５・１％だったのが２０１３年には７・５％、２０１６年には６・９％を示し15年で１・８ポイント上昇しています。表24も同様に「平成30年版子供・若者白書」に掲載されているものを整理したもので、ひとり親家庭の子どもの進学率を見ると大学等の進学率は58・５％であり、全世帯の73・０％と比べると14・５ポイントの差があります。

今の状態は、「そうかな。そんな風には見えないけど」と思ってしまうことが問題だと思います。かと言って、見た目でわかるようになるのがいいわけではありません。何か施策をするときに現状分析が必要になり、分析のしようがないのが課題です。私の予想では高校受験のときに子どもが現在の家庭状況を認識し始めると思います。塾に行けるのか行けないのか、公立と私立どちらを選択できるのか、です。ちなみに私は中学と高校は地方に住んでいたので、高校受験は公立が本命で私立の高校は少なく、滑り止めという感じでした。高校に進学すると3年生になったときの模試の結果、保護者の言動から本人は卒業後就職するのか、大学や専門学校に進学できるのか考えます。

子どもの貧困対策はいろいろ行われていますが、図書館もうまく組み込めると思います。2点あります。1点目、図書館には無料で入れて利用登録すれば本を一定期間無料で借りることができることを徹底的に周知する。2点目は、有償よる学習支援です。

1点目は本や雑誌を買う余裕がないときに図書館では無料で読めるということをもっと知ってもらう必要があります。絵本を買う余裕がなくて、子どもが乳幼児期に保護者から絵本を読んでもらった経験がなかったり、年齢が上がっても家に本がない環境だと読書習慣はなかなか身に付かなく文章を読んでも字面を追っているだけで意味がわからないことがあります。谷川俊太郎さんの『も

表24　ひとり親家庭の進学率

	ひとり親家庭（%）	全世帯（%）
高校等への進学率	96.3	99.0
大学等への進学率	58.5	73.0

出典：内閣府「平成30年版　子供・若者白書」より作成

こもこもこ』や林明子さんの『おつきさまこんばんは』を知らない可能性があります。私が取材を受けたときに記者が安西水丸さんの『がたん　ごとん　がたん　ごとん』を知らなかったのは意外でした。図書館では定番の絵本や児童書、中学生や高校生が読む本はたくさん置いてあります。さらに、乳幼児向けに図書館では定期的におはなし会を行っていて、『もこもこもこ』『おつきさまこんばんは』など定番の絵本はおはなし会に参加すると知ることができます。

2点目は、自治体で中学生や高校生に対して有償で勉強を教える大学生や大人を募集して図書館の1室で教えるということです。無料でボランティアとして教える側を集めることはできるかもしれませんが、交通費と一定の謝礼はあった方がいいと思います。特に教員養成系の大学と連携して学生が塾や家庭教師のバイト以外に経験することは今後の教職経験に活かされると思います。

「はじめに」で示したように現在の子どもは少なく、今後ますます少なくなるでしょう。現在の子どもが2033年になったとき定番の本を知らなかったりすると、自分の子どもが生まれたときに絵本を読んだりすることは難しいと思います。また、格差は固定された状態になり、強化されると思います。貧困の再生産を解消していかないと子どもたちは希望を持つことができず非行や犯罪に走る可能性があり、このままでは日本には明るい未来はありません。

おわりに

私の初めての単著は『29歳で図書館長になって』（青弓社、２０１５）になります。この本ではいろいろなことを書き、中には実現できたこと、できなかったことがあります。後者については技術的に難しいもの、発想をがらりと変えないと厳しいものがあり、取り上げた項目によっては時間が経てばどこかの図書館で行われるものもあります。この本を出してから1年に1冊のペースで図書館に関係する本を出させてもらっています。

著者によっては似たような本を出してひとつの柱を強くしている方もいますが、私はなるべく同じようなものにならないように少しずらしたものにしています。今回は15年後の２０３３年までにどうするのか、というのが主なテーマでそれぞれの項目で図書館と関わりがある事象を記したものになっています。これからのトピックとして東京オリンピック・パラリンピックの後に大きいイベントは何でしょう。リニア中央新幹線の開業でしょうか。みんながワクワクする明るい話題はあまりないと思います。

今後の日本をどうしていくのかというのは一人ひとりが主体的にならないといけません。特に今の20代から40代が引っ張っていく意識がないといけません。１日１日はあっという間に過ぎ去っていきます。それぞれが、少しでもいいので数年後の未来を考え生活をすることがあると日本はいい方向に進むのかもしれません。

なお、本書に記した意見などは個人の見解に基づくものであり、所属を代表するものではありません。公式見解ではありません。最後に樹村房・大塚栄一氏には厚くお礼を申し上げたい。

２０１８年９月18日

吉井　潤

■著者紹介

吉井　潤（よしい・じゅん）

1983年、東京都生まれ。

早稲田大学教育学部卒業、慶應義塾大学大学院文学研究科図書館・情報学専攻情報資源管理分野修士課程修了。

2006年、山中湖情報創造館（ライブラリアン）、09年、練馬区立南田中図書館副館長、10年、新宿区立角筈図書館副館長を経て、13年４月から18年３月まで江戸川区立篠崎図書館・江戸川区立篠崎子ども図書館館長。

18年４月から図書館総合研究所主任研究員、都留文科大学非常勤講師。

単著に『29歳で図書館長になって』（青弓社）、『知って得する図書館の楽しみかた』（勉誠出版）、『仕事に役立つ専門紙・業界紙』（青弓社）、共著に『つくってあそぼう！ 本といっしょに、つくってかがくであそぼう』（青弓社）など。

2033年の日本と図書館に向けて

2018年12月28日　初版第１刷発行

著　者© 吉井　潤
発行者　大塚栄一

検印廃止

発行所　株式会社 樹村房
〒112-0002
東京都文京区小石川５丁目11番７号
電話　東京 03-3868-7321
FAX　東京 03-6801-5202
http://www.jusonbo.co.jp/
振替口座　00190-3-93169

組版・印刷／亜細亜印刷株式会社
製本／有限会社愛千製本所

ISBN978-4-88367-314-8
乱丁・落丁本は小社にてお取り替えいたします。